Morgenroutine

Motivation erfolgreich steigern durch Ihr individuelles Morgenritual - Mehr Erfolg und Ernergie am Morgen

Georg Branken

1. Auflage 2017

Haftungsausschluss

Die Informationen, die Sie in diesem Buch finden, wurden mit größter Sorgfalt aufbereitet. Der Autor übernimmt keinerlei Gewähr für die Aktualität, Korrektheit, Vollständigkeit oder Qualität der bereitgestellten Informationen und weiteren Informationen. Haftungsansprüche gegen den Autor, welche sich auf Schäden materieller oder ideeller Art beziehen, die durch die Nutzung oder Nichtnutzung der dargebotenen Informationen bzw. durch die Nutzung fehlerhafter und unvollständiger Informationen verursacht wurden, sind grundsätzlich ausgeschlossen, sofern seitens des Autors kein nachweislich vorsätzliches oder grob fahrlässiges Verschulden vorliegt.

Das Buch enthält Links zu Informationen Dritter, auf deren Inhalte der Autor keinen Einfluss hat. Deshalb kann er für die fremden Inhalte auch keine Gewähr übernehmen. Für die Inhalte der verlinkten Seiten ist stets der jeweilige Anbieter oder Betreiber der Seiten verantwortlich. Die verlinkten Seiten wurden zum Zeitpunkt der Verlinkung auf mögliche Rechtsverstöße überprüft. Rechtswidrige Inhalte waren zum Zeitpunkt der Verlinkung nicht erkennbar.

Georg Branken, 2017

Inhaltsverzeichnis

EIN GUTER START!

In einer sich immer schneller drehenden, hektischen Welt sind Routinen der Anker der uns festhält und unser Leben ordnet. Immer mehr Ablenkungen, Kleinigkeiten an die wir denken müssen, mehr Arbeit und mehr Druck strömen auf uns ein. Es fällt schwer den Überblick zu behalten und Zeit zu finden mal durchatmen zu können und den Kopf frei zu bekommen, um sich auf das Wesentliche konzentrieren zu können. Mit Stress werden wir schon am frühen Morgen konfrontiert. Er wird uns sofort bewusst, wenn wir auch nur die Augen aufgeschlagen haben. Stress kann uns lähmen und antriebslos machen. Oft haben wir keine Lust aufzustehen, einfach weil wir wissen, wie viel Stress, Arbeit und unangenehme Dinge uns heute erwarten werden. Genau diese Ohnmacht am frühen Morgen will dieses Buch ändern! Wollen Sie nicht auch zu den Menschen zählen, die schon morgens um 6Uhr gut gelaunt aus dem Bett springen und gar nicht abwarten können, was der Tag alles bereit hält?

Panische Morgenmuffel

Am frühen Morgen sind wir fast alle gleich. Entweder Sie zählen zu dem Typ Mensch, dem es schwer fällt aus dem Bett zu kommen. Das ist der klassische Morgenmuffel. O-der Sie gehören zu den Menschen, die schon am Morgen panisch und gestresst mit Hochgeschwindigkeit umherflitzen.

Kümmern wir uns zunächst um den Morgenmuffel. Hat dieser dann doch seinen Weg vom Schlafzimmer in die Küche gefunden, macht er sich brummig die erste Tasse Kaffee des Tages. Nur eine von rund zehn am heutigen Tag. In gewisser Hinsicht hat der Morgenmuffel schon eine Routine, diese lässt ihn jedoch antriebslos und negativ den neuen Tag beginnen. Das liegt daran, dass ihm zu so früher Stunde einfach nicht einfällt, warum er überhaupt aufstehen soll, weil es doch nichts gibt, wofür es sich aufzustehen lohnt. Wer jedoch früh am Morgen schon keine Energie findet und voller negativer Gedanken ist, wird auch den Rest des Tages vor sich hin muffeln.

Der andere Typ Mensch ist das genaue Gegenteil. Er

schreckt sofort aus dem Bett, wenn er aufwacht, denn er stellt panisch fest, wie viel er doch heute zu erledigen hat. Wahrscheinlich hat er keinen festen Tagesrhythmus oder ohnehin zu wenig Schlaf, denn er kommt nie zur Ruhe. Er ist ein notorischer Workaholic. Gesund ist das nicht!

Und Sie?

Mehr oder weniger ausgeprägt, gehören Sie entweder zum einen oder anderen Typen. Vielleicht sind Sie auch mal ein Morgenmuffel, mal ein gestresster Workaholic. Wie auch immer Sie sich selbst einschätzen, das eine wie das andere, raubt Ihnen die Energie und Kraft, die Sie jedoch brauchen, um Ihr Leben mit positiven Dingen auszufüllen.

Überlegen Sie mal, was Ihr perfekter Start in den Tag wäre. Wie würden Sie Ihren Tag beginnen, wenn Sie zu Beispiel im Urlaub wären? Arbeit und Haushalt sind weit weg. Was würden Sie tun? Ausschlafen? Und wenn Sie das getan hätten? Wie würden Sie Ihren Tag fortsetzen? Wie würden Sie den nächsten Morgen beginnen? Sicherlich wollen Sie nicht jeden Tag bis zum Mittag im Bett liegen. Wie sieht der perfekte Morgen für Sie aus? Erinnern Sie sich mal, wann Sie das letzte Mal einen wirklich guten Morgen hatten. Warum war er gut? Wahrscheinlich vor allem, weil Sie sich auf etwas gefreut haben, was der Tag noch für Sie bereit gehalten hat. Wenn Sie also schon Morgen keine Lust haben aufzustehen oder sich gestresst fühlen, liegt das einzig und allein an dem, was Sie während des Tages furchtbares auf Sie zurollen sehen. Sie lassen sich schon das Frühstück von Stress und Ihrer Laune vermiesen. Wie Ihr Tag allerdings wird, ist nur eine Frage der Einstellung und Wahrnehmung und liegt ganz allein bei Ihnen.

Was wollen wir ändern?

Dieses Buch will das Sie die positive Energie wiederfinden, die Sie in Ihrem Leben verloren haben. Das Wort „Routine“ können wir auf unterschiedliche Weise wahrnehmen. Sind Sie zum Beispiel müde und genervt von Ihrer Alltagsroutine. Sind Sie gelangweilt von Ihrem Leben und empfinden Sie den immer gleichen Ablauf vielleicht sogar als sinnlos, dann verbinden Sie „Routinen“ ganz offensichtlich mit etwas Negativem.

Die positiven Routinen, zu denen wir Ihnen jedoch raten wollen, werden Ihnen Sinn und neue Kraft geben. Neue Routinen erfordern am Anfang ein wenig Disziplin. Sie werden jedoch bald sehen, wie Ihre neue Morgenroutine Ihren Alltag verändern wird. Sie werden den Tag energetisch, gut gelaunt und kraftvoll bestreiten. Sie werden ausgeglichener sein und aus dieser neuen Balance werden Sie Kraft schöpfen und die Möglichkeit haben, mehr im Leben zu erreichen. Vor allem aber tun Sie etwas gutes für Körper und Geist, denn Sie stehen an erster Stelle. Wie wollen Sie gute Arbeit leisten, Ihre Kinder gut erziehen und all die anderen

Kleinigkeiten im Alltag möglichst gut erledigen, wenn Sie sich selbst auf dem Weg vergessen und sich nicht zuerst um sich selbst kümmern?

Dieses Buch...

Zunächst will Ihnen dieses Buch verständlich machen, warum Routinen in unserem Leben so wichtig sind. Wir zeigen Ihnen, wie Sie schon durch einfache Handgriffe und bessere Koordinierung Ihren Start in den Tag effektiver gestalten können. Das richtige Frühstück und ein aktiver Morgen mit Frühsport oder Stretching, werden sich positiv auf den Rest Ihres Tages auswirken. Nur mit einem aktiven Lebensstil werden Sie innere Balance und Harmonie finden. Am meisten werden Sie jedoch an Ihrer inneren Einstellung arbeiten müssen. Mit den richtigen Gedanken in Ihrem Kopf, werden Sie das Beste aus Ihrem Tag rausholen können. Sie werden mehr Glück erfahren und mit Ihrer positiven Energie auch andere anstecken können. So werden Sie mit ein wenig Disziplin schnell zu einem positiveren Menschen, der seine Ziele erreicht und dabei auch noch Spaß und Entspannung erfährt.

Auch geben wir Ihnen Tipps, wie Sie diese Energie mit ins Büro nehmen. Keine noch so gute Morgenroutine kommt übrigens ohne eine entsprechende Abendroutine aus. Nur wenn Sie es schaffen einen gesunden und ausreichend langen und tiefen Schlaf zu finden, werden Sie den Morgen routiniert beginnen können.

Dieses Buch kann Ihren Alltag also enorm bereichern und hofft Ihr Leben sinnvoller, harmonischer und stressfreier gestalten zu können. So können Sie genug Kraft und Energie für die wichtigen Dinge im Leben und Ihre persönlichen Ziele aufbringen. Dafür brauchen wir natürlich Ihre Mitarbeit. Wenn Sie bereit sind etwas an den ersten Stunden Ihres Tages zu verändern, wird sich diese Veränderung auf all Ihre Lebensbereiche positiv auswirken. Wachen Sie also auf aus Ihrem immer gleichen morgendlichen Trott und verändern Sie nicht nur Ihre Routine, sondern auch sich selbst!

ROUTINIERT LEBEN

Routinen sind wichtig. Es gibt jedoch gute und schlechte Routinen. Egal wie sehr der Ablauf Ihres Morgens feststeht oder wie sehr er sich doch von Tag zu Tag unterscheidet, eine Routine haben Sie bereits, auch wenn es nur die Routine ist eben keine wirkliche Routine zu haben. In diesem Kapitel wollen wir Ihnen erklären, warum es so wichtig ist, Rituale und Routinen im Alltag festzuschreiben. Warum brauchen wir diese eigentlich?

Was sind Routinen?

Routinen und Gewohnheiten geben uns Ruhe und Geborgenheit. Sie sind gut einstudiert. Wir denken nicht mehr großartig über Sie nach und können uns stattdessen mit etwas anderem beschäftigen. Von *Routine* spricht man, wenn man durch Erfahrung und häufige Wiederholungen, eine Tätigkeit immer auf dieselbe Art und Weise ausführt. Die Bezeichnung *Gewohnheit* wird gern synonym verwendet. Gewohnheit – ist die einstudierte Reaktion auf einen Auslöser, welche sich ebenfalls bereits automatisiert hat und auf die immer gleiche Art abläuft. *Rituale* bezeichnen übrigens eine festgelegte Handlung, welche einen höheren Symbolcharakter hat. Beispielsweise religiöse oder traditionelle Rituale. In gewisser Weise können Sie sich jedoch auch Ihre eigenen Rituale schaffen. Ein spirituelles Ritual kann es beispielsweise sein, wenn Sie mit großer Ernsthaftigkeit der Meditation nachgehen.

Sichere Reaktionen

Gewohnheiten und Routinen geben uns jedenfalls ein großes Maß an Sicherheit. Stellen Sie sich mal vor, Sie müssten jeden Morgen aufs neue planen und überlegen, wie Sie jetzt eigentlich aus dem Bett kommen und was Sie noch alles tun müssen, bevor Sie zur Arbeit gehen können. Zum Glück kennen Sie den Ablauf bereits. Sie können einen Fuß vor den anderen setzen, um ins Badezimmer zu kommen, auch ohne das Sie darüber nachdenken müssen. Sie wissen, dass Sie sich die Zähne putzen, sich umziehen und Frühstücken müssen, bevor Sie die Haustür hinter sich abschließen. Jeder Handgriff sitzt bereits, auch wenn es manchmal schwer fällt ihn auszuführen. Gewohnheiten und Routinen nehmen es uns also ab, jedes Mal aufs neue über unsere Reaktionen auf etwas nachzudenken. Wir reagieren einfach so, wie wir es gewohnt sind. Unsere Abläufe sind automatisiert. Weil jedoch jeder Handgriff sitzt und automatisch abläuft, ist es auch umso schwerer aus Gewohnheiten auszubrechen und diese zu verändern. Gewohnheiten sind bereits fest in Ihrem

Verhalten eingeschrieben, sie umzuschreiben erfordert einige Übung.

Festgefahrene Gewohnheiten

Die meisten unserer Routinen begleiten uns bereits seit Jahren oder Jahrzehnten. Manche ändern sich ohne das wir es merken. Vielleicht ist Ihnen schon selbst aufgefallen, dass Sie früher, als Sie noch jünger waren, besser aus dem Bett gekommen sind und strotzend vor Energie dem neuen Tag entgegengeblickt haben. Später haben Sie Ihre Alltagsroutine, einem immer gleichen Trott angepasst, den wahrscheinlich Ihre Arbeit im Büro oder sonst wo verursacht hat. Leider ist es nun mal so, dass diese Arbeit, wenn doch nicht den Mittelpunkt unseres Lebens, so doch den Grundpfeiler bildet, nachdem sich alle andere Sachen zu richten haben. Verfallen Sie also bei Ihrer Arbeit in eine langweilige Routine, die Ihnen keine Herausforderungen und nichts neues mehr bietet, überträgt sich das auch auf den Rest Ihres Lebens. Oder es ist genau umgekehrt und Sie sind mit Ihren privaten Lebensumständen unzufrieden, was sich auch auf Ihre Karriere überträgt.

Früher jedoch hatten Sie diese Neugier in sich. Jeder Tag bot eine neue Möglichkeit und jeder Tag brachte Sie einem aufregendem Ziel, das Sie sich gesetzt hatten, näher. Genau diese fehlenden Ziele sind es nun, die es Ihnen jeden Morgen so schwer machen aus dem Bett zu kommen. Sie steigen nicht mehr aus dem Bett, weil Sie ein Ziel verfolgen, sondern weil Sie es müssen.

Genauso verhält es sich mit all Ihren schlechten Gewohnheiten. Welche Ihrer Gewohnheiten würden Sie noch als negativ bewerten? Eine schlechte Ernährung und Nichtstun, sobald Sie von der Arbeit wieder zu Hause sind, zählen eventuell auch dazu. Beides schieben Sie auf mangelnde Zeit und Erschöpfung. Die Wahrheit ist: Beides gehört zu Ihren festgefahrenen Routinen, die Sie nicht ändern, weil Sie glauben gute Ausreden gefunden zu haben.

Unterbrochene Gewohnheiten

Es gibt also sowohl gute als auch schlechte Gewohnheiten. Sobald Sie Ihre schlechten kennen, haben Sie bereits einen wichtigen Schritt gemacht und werden lernen diese durch positive Gewohnheiten zu ersetzen.

Wie bei vielen Menschen ist eine Ihrer ersten Gewohnheiten des Tages wahrscheinlich der Gang zur Kaffeemaschine. Wird diese Routine unterbrochen, weil Sie zum Beispiel vergessen haben Kaffee zu kaufen oder Ihr Nachbar grade klingelt und Sie in ein Gespräch verwickelt, bekommen Sie höchst wahrscheinlich ziemlich schlechte Laune. Dabei geht es gar nicht um den Kaffee an sich, sondern um Ihre Gewohnheit, die unterbrochen wird. Sie sehen also, wie sehr unsere Gewohnheiten und Routinen uns im Griff haben. Abweichungen können wir nur schwer akzeptieren, wenn wir aus unseren Routinen geworfen werden. Eine Routine ist nicht nur unser Plan A, es ist auch der einzige Plan, den wir haben. Einen Plan B haben wir so schnell nicht zur Hand. Einen Plan B müssten wir uns erst überlegen, denn meistens werden unsere Routinen ja nun mal nicht unterbrochen. Es genügt also nur einen einzigen Plan zu haben. Werden unsere Gewohnheiten grade am frühen Morgen behindert, scheint der ganze Tag gelaufen zu sein und unsere Laune hat ihren Nullpunkt erreicht.

Genau von solchen Gewohnheiten wollen wir uns trennen. Nicht die Gewohnheiten sollten uns bestimmen. Wir sollten unsere Gewohnheiten bestimmen! Sie müssen also wieder Herr der Lage werden!

Gute Gewohnheiten

Wie bereits gesagt, können Gewohnheiten jedoch auch viel positives mit sich bringen. Sicherlich fallen Ihnen auch Gewohnheiten ein, die Sie gut finden und selbst praktizieren. Der Gang zur Kaffeemaschine und alle anderen eingeübten Handgriffe am Morgen sind persé Gewohnheiten, die uns gut bekommen. Das Problem ist unsere Abhängigkeit. Denn wenn die Routine erst einmal unterbrochen wird, beginnt sich eine Abwärtsspirale der negativen Gedanken in Ihrem Kopf zu drehen. Dieses negative Denken zu stoppen, werden wir später in diesem Buch in Angriff nehmen.

Kommen wir zunächst zu den Gewohnheiten Ihres Morgens, die Sie selbst als positiv empfinden. Dabei gilt es zu unterscheiden zwischen Gewohnheiten die tatsächlich positiv zu bewerten sind und solchen, die Sie nicht aufgeben wollen, die Ihnen jedoch eigentlich nicht gut tun. Das beste Beispiel für letzteres ist eine Zigarette zu der, der ein oder andere Raucher, schon am frühen Morgen glaubt greifen zu müssen. Dieses Buch hat nicht zum Ziel Ihnen das Rauchen abgewöhnen zu wollen. Die Raucher unter Ihnen sollten sich jedoch fragen, ob sie ausgerechnet mit einer schlechten Gewohnheit ihren Tag beginnen wollen. Eine Zigarette zünden Sie sich aus zwei Gründen an. Erstens aus der Macht der Gewohnheit oder zweitens als Belohnung. Sie könnten versuchen sich auf Zweiteres zu beschränken und sich erst mit einer Zigarette belohnen, wenn Sie tatsächlich etwas getan haben und nicht bevor Sie etwas tun.

Welche wirklich guten Routinen gibt es also an Ihrem Morgen? Oder welche würden Sie als gut empfinden? Vielleicht ein wenig Frühsport, um den Kreislauf anzukurbeln, zwanzig Minuten Yoga oder Mediation? Grade wenn Sie nicht der sportliche Typ sind, sollten Sie Ihren Tag aktiv beginnen. Vielleicht zählt es zu Ihren Routinen für eine halbe Stunde in der Zeitung zu blättern oder zum Frühstück die Nachrichten im Fernsehen zu sehen. Oder Sie erfreuen sich daran, dass die ganze Familie gemeinsam am Frühstückstisch sitzt, bevor jeder in eine andere Richtung loszieht. Vielleicht zählt es auch zu Ihren morgendlichen Gewohnheiten mit Ihrem Hund eine Runde spazieren zu gehen und frische Brötchen beim Bäcker zu holen. Oder es macht Ihnen Freude sich ganz viel Zeit für Ihr Frühstück und dessen Zubereitung zu nehmen. Eventuell genießen Sie es auch einfach jeden Morgen aus dem Fenster zu sehen und die Leute zu beobachten, einfach minutiös Ihren Tag zu planen oder eine halbe Stunde vor dem Spiegel zu stehen, um sich hübsch zu machen. Auch Ihr Weg zur Arbeit ist eine Routine, die Sie vielleicht mit Positivem assoziieren können. Falls Sie mit dem Fahrrad fahren, können Sie die Bewegung und die frische Luft genießen. Falls Sie mit der Bahn oder mit dem Bus fahren, können Sie sich hier mit sinnvollen Dingen beschäftigen, während Sie auf Ihre Ankunft warten.

Sicher gibt es Gewohnheiten in Ihrer morgendlichen Routine, die Sie nicht ablegen wollen. Gewohnheiten, von denen Sie wissen, dass sie Ihnen tatsächlich bei einem guten Start in den Tag helfen, sollten Sie beibehalten. Solche die Sie jedoch eher behindern, sollten Sie ersetzen. Gewohnheiten lassen sich nicht einfach weglassen und streichen. Die beste Methode ungeliebte Gewohnheiten loszuwerden ist sie durch Positive zu ersetzen. Auch wie das funktioniert, wollen wir Ihnen in einem späteren Kapitel erklären.

POSITIV & GLÜCKLICH IN DEN TAG

In diesem Kapitel wollen wir uns um Ihr inneres Seelenleben und Denken kümmern. Ziel ist es, Sie zum positiven Denken zu animieren und Ihren Geist zur Ruhe kommen zu lassen. Mehr Glück und Ausgeglichenheit wird Sie mit ungeahnter Kraft und Energie den Tag beginnen lassen. Wie lernen Sie also positives Denken?

Dankbarkeit

Was geht Ihnen normalerweise als erstes durch den Kopf, wenn sie morgens die Augen aufschlagen? Wahrscheinlich fallen Ihnen zuerst eher die unangenehmen Dinge ein, die Sie heute erledigen müssen. So werden Sie definitiv keinen guten Start in den Tag haben. Diese Routine sollten Sie als erstes ablegen und durch eine neue ersetzen. Ab dem nächsten Morgen tun Sie Folgendes, sobald Sie wach werden: Sie liegen noch im Bett und lassen sich viel Zeit aufzuwachen. Blicken Sie an die Decke oder aus dem Fenster. Jetzt beginnen Sie langsam zu überlegen, wofür im Leben Sie eigentlich dankbar sind. Lassen Sie ihre Gedanken schweifen. Wandern Sie mit den Augen durchs Zimmer und es werden Ihnen sicherlich viele Dinge einfallen. Im Grunde genommen sind Sie ein reicher Mensch. Vielleicht haben Sie eine gemütliche Wohnung, in der Sie sich wohl fühlen. Dieser Ort gehört nur Ihnen. Er gibt Ihnen Geborgenheit und Sicherheit. Dieser Ort ist Ihr zu Hause und Sie haben Ihn sich so hergerichtet, wie Sie wollen.

Lassen Sie Ihren Blick weiter schweifen. Was finden Sie

noch in Ihrem Zimmer? Vielleicht ein paar Fotos, die Sie als Erinnerung an der Wand aufgehängt haben. Was ist auf den Bildern zu sehen? Sie selbst im Urlaub. Ihre Familie. Ihre Freunde. Warum haben Sie diese Bilder eigentlich an der Wand zu hängen? Genau! Weil Sie sich gerne erinnern. Weil Sie für diese Momente, in denen die Fotos entstanden sind dankbar sind. Weil Sie für die Menschen auf den Bildern dankbar sind.

Es gibt unzählige Dinge für die Sie dankbar sein können. Seien Sie nur bescheiden und gehen Sie mit offenen Augen durchs Leben, um diese Dinge zu sehen. Vielleicht haben Sie keine Lust zur Arbeit zu gehen oder drücken sich vor etwas anderem, das Sie an diesem Tag erwartet. Sollten Sie aber nicht schon allein für den Umstand dankbar sein eine Arbeit zu haben und dafür, das Sie an diesem Tag überhaupt etwas erwartet? Und wenn Ihnen in Ihrem Leben etwas nicht gefällt, warum haben Sie es dann nicht schon längst geändert?

Existenz

Dieses kurze Insichgehen wird ab sofort zu Ihrem neuen Begleiter in den ersten Minuten eines neuen Tages. In diesen ersten Augenblicken, sollen Sie sich Ihrer tiefen Dankbarkeit für Ihre bloße Existenz bewusst werden. Beginnen sie damit sich diese Existenz bewusst zu machen, indem Sie, während Sie im Bett liegen aufmerksam Ihre Hände betrachten. Wackeln Sie mit den Zehen und spüren Sie, dass Sie da sind. Heben Sie ein Bein zur Decke. Drehen Sie den Kopf nach links. All diese Bewegungen geschehen, weil Sie es wollen. Sie sind kein Spielball dieser Welt. Sie können die Spielregeln selbst bestimmen. Machen Sie sich klar, wo und wann Sie sind. Sie sind im hier und jetzt. Sie haben Füße mit denen Sie laufen können, wohin Sie wollen. Sie haben Hände, mit denen Sie erschaffen können, was Sie wollen. Sich dieser Existenz bewusst zu werden, bedeutet Kraft und Energie zu schöpfen.

Was Sie mit Ihrer bloßen Existenz alles bewerkstelligen können! Am besten beginnen Sie bei sich selbst. Sie existieren, also haben sie die Macht Ihr Schicksal und diesen anbrechenden Tag selbst in die Hand zu nehmen. Sie allein bestimmen, was Sie daraus machen.

Glück von gestern

Mit der Dankbarkeit kommt das Glück. Was bedeutet Glück eigentlich für Sie? Hatten Sie gestern einen glücklichen Moment? Werden Sie heute einen haben? Oder morgen? Für jeden glücklichen unbeschwerten Moment sollten Sie dankbar sein. Versuchen Sie sich daran zu erinnern, für welchen Moment Sie gestern dankbar waren. Das können kleine Dinge sein, die Ihnen ein wenig Glück beschert haben. Vielleicht haben Sie ein Lob vom Chef bekommen. Vielleicht hat der Bäcker Sie mit einem besonders breiten Lächeln bedacht. Vielleicht haben Sie sich etwas schönes gekauft. Vielleicht haben Sie einen unverhofften Anruf von einem Freund bekommen, mit dem Sie schon ewig nicht mehr gesprochen haben. Vielleicht haben Sie am Nachmittag eine halbe Stunde auf einer Parkbank gesessen und die Sonne genossen. Vielleicht haben Sie 50Cent auf der Straße gefunden. Vielleicht konnten Sie jemandem helfen, den Weg zum Bahnhof zu finden. Zu helfen hat sich gut angefühlt. Wenn Sie so darüber nachdenken, gibt es eigentlich viele Dinge, die Sie gestern glücklich gemacht haben. Warum war Ihnen das vorher nur nie so bewusst?

Herausforderungen

Auch dieser neue Tag wird Ihnen wieder viel Glück und Freude bereiten, wenn Sie sich dessen nur bewusst sind und bereit sind Glück und Freude überhaupt empfinden zu wollen. Falls Sie noch immer im Bett liegen, denken Sie mal darüber nach, worauf Sie sich am heutigen Tag freuen. Sicher freuen Sie sich schon auf Ihren Kaffee und auf ein leckeres Frühstück. Ist nicht das schon alleine ein Grund aus dem Bett zu springen und in die Küche zu rennen?

Worauf freuen Sie sich noch? Sie müssen lernen, alle negativen Gedanken aus Ihrem Kopf zu verbannen und nur die positiven zuzulassen. Machen Sie sich klar, dass Ihre Empfindungen und Ihre Wahrnehmung gegenüber Dingen, die Sie eigentlich nicht tun wollen nicht real sind. In Ihrem Kopf unterteilen Sie Erlebnisse, Erfahrungen oder Erledigungen in Kategorien. Meist gibt es nur schwarz und weiß. Schlecht und gut. Diese Einteilung ist jedoch total irrational. Ein Leben, welches nur aus guten Erlebnissen, Erfahrungen und Vorhaben besteht, wäre ziemlich schnell, ziemlich langweilig. Ihren letzten Urlaub verbuchen Sie wahrscheinlich unter der Kategorie gute Erlebnisse. Wenn Ihr ganzes Leben aus Urlaub bestehen würde, wäre das nicht nur langweilig, sondern Ihnen würden auch Ziele, Herausforderungen und Erfolgserlebnisse fehlen, welche Sie nur feiern können, wenn Sie ein Hindernis überwunden haben.

Ab sofort sollten Sie eine Kategorisierung in gut und schlecht also unterbinden. Alle unangenehmen Dinge des Tages, wegen denen Sie nicht aufstehen wollen, verbuchen Sie stattdessen unter Herausforderungen. Die Herausforderungen des Tages werden zu Zielen, die Ihrem Tag schon bald einen Sinn geben werden.

Der Sinn in Ihrem Tag

Ziele geben Ihrem Tag und Ihrem Leben Sinn. Wenn Sie keinen Sinn darin sehen aufzustehen und keine Energie verspüren, dem Tag entgegen zu lächeln, dann liegt das höchst wahrscheinlich daran, dass Sie sich keine Ziele gesetzt haben oder sich diesen nicht bewusst sind. Sie leben dann einfach in den Tag hinein und tun eben das, was Sie immer tun und davon auch nur das, was Sie unbedingt tun müssen. Wenn wir jedoch selbst Energie entwickeln etwas anzupacken und unsere eigenen Ziele setzen, bringen wir ungeahnte Kräfte auf, diese Ziele tatsächlich auch zu verfolgen. Die Zielsetzung gilt es als Routine in Ihrem morgendlichen Ablauf fest zu verankern. Schließlich wollen Sie ja jeden Morgen strotzend vor Energie beginnen, um das meiste aus Ihrem Tag raus zu holen.

Wenn Sie Ihren Tag beginnen, noch im Bett liegen, schon auf dem Weg ins Badezimmer sind oder am Frühstückstisch sitzen, lassen Sie sich alle Herausforderungen durch den Kopf gehen, die heute auf Sie warten. Vielleicht haben Sie eine Präsentation oder ein Meeting im Büro vor sich, vor dem es Ihnen schon lange graut. Eventuell haben Sie keine Lust sich mit Ihrem Chef oder bestimmten Kollegen auseinanderzusetzen. Oder Sie scheuen sich davor mit der Abarbeitung dieses riesigen Aktenordners zu beginnen, der schon seit einer Woche auf Ihrem Schreibtisch auf Sie wartet. All diese furchtbaren Beispiele, die Ihnen schon am frühen Morgen den Tag vermiesen, sind jedoch keine Ziele. Es kann nicht Ihr Ziel die Präsentation zu halten, Ihre ungeliebten Kollegen zu treffen oder mit dem Aktenordner zu beginnen. Ihr Ziel ist, mit all dem fertig zu sein! Das ist ein gravierender Unterschied! Ihr Ziel ist immer die Zeit danach, sobald sie etwas abgeschlossen haben. Genau das ist nämlich Ihr Problem, wenn Sie am Morgen keine Lust verspüren einen Fuß aus dem Bett zu setzen. Sie sehen keine Ziele für Ihren Tag! Sie sehen nur Wege!

Wege

Ihr Problem bisher: Schon wenn Sie noch im Bett liegen, fallen Ihnen all die anstrengenden Wege ein, die Sie gehen müssen, um den heutigen Tag zu überstehen. Da ist die Präsentation, die Sie noch immer nicht fertig ausgearbeitet haben. Da ist der Kollege, bei dem Sie sich so anstrengen müssen freundlich zu bleiben. Da ist der Aktenordner, der unmöglich in der vorgegebenen Zeit zu schaffen ist. Das alles bereitet Ihnen Kopfzerbrechen. Es lässt Sie am Abend nicht einschlafen und am Morgen nicht aufstehen. Genau deshalb werden Sie ab jetzt nur noch das Ziel vor Augen haben ,statt des steinigen Weges.

Wenn Sie am Morgen noch im Bett liegen und sich wieder mal kraftlos fühlen, machen sie Folgendes. Schließen Sie die Augen und holen Sie tief Luft. Stellen Sie sich vor, wie Sie alle negativen Gedanken, alle Gedanken an die Anstrengungen des Tages in sich sammeln. Halten Sie kurz die Luft an. Jetzt stoßen Sie all diese Gedanken aus sich hinaus, indem Sie kräftig ausatmen. Halten Sie wieder kurz die Luft an. Atmen Sie jetzt tief ein und stellen Sie sich vor, wie Sie während dem Einatmen alle positive Energie und Kraft um sich herum aufnehmen. Konzentrieren Sie sich nun ausschließlich auf die Ziele, die Sie heute erreichen wollen und versuchen Sie nachzuvollziehen, wie Sie sich fühlen werden, wenn Sie diese erreicht haben.

Diese kurze Morgenroutine, die Ihnen helfen soll überhaupt aufzustehen, können Sie ausbauen. Um noch mehr positive Energie für den Tag zu tanken, werden wir Ihnen zeigen, wie Sie aus dem bisherigen Ansatz ein allmorgendliches Meditationsritual machen können.

Sich wach meditieren

Setzen Sie sich in eine bequeme Position. Am besten sitzen Sie ein wenig erhöht, auf einem Kissen, im Schneidersitz auf dem Boden. Entspannen Sie alle Ihre Muskeln. Ihre Arme hängen locker herab und Ihre Hände liegen auf Ihren Knien auf. Schließen Sie die Augen. Am Anfang einer jeden Meditation gilt es zu lernen, sich zu fokussieren. Durch all die Ablenkungen und Stress des Alltags fällt uns nämlich genau das schwer: Konzentration! Bevor Sie mit der geistigen Konzentration beginnen, konzentrieren Sie sich auf Ihr physisches Dasein. Richten Sie Ihren Fokus auf jedes einzelne Ihrer Körperteile und nehmen Sie sich mit all Ihren Sinnen wahr.

Beginnen Sie mit Ihrer Nasenspitze. Spüren Sie jede einzelne Pore auf Ihrer Nase. Was riechen Sie? Was fühlen Sie? Wandern Sie hinunter zu Ihrem Mund. Ihre Zunge liegt schwer darin. Was schmecken Sie? Dann wandern Sie Ihren Hals hinab, zu Ihrer Brust, die sich durch Ihre Atmung hebt und senkt. Konzentrieren Sie sich für eine Weile nur auf

Ihre Atmung. Spüren Sie, wie sich Ihre Lunge mit Sauerstoff füllt, wenn Sie einatmen und stellen Sie sich vor, wie der Sauerstoff sich durch Ihren Körper verteilt, bis er auch in den kleinsten Äderchen angelangt ist. Wandern Sie nun Ihre Schultern und Arme hinunter. Versuchen Sie zu erspüren, ob ein Lufthauch Ihre Haut streift. Dann wandert Ihr Fokus weiter bis zu Ihren Fingerspitzen. Gehen Sie zurück. Spüren Sie Ihre Beine hinunter bis zu Ihren Fußnägeln. Jetzt wandern Sie den ganzen Weg zurück, Ihre Wirbelsäule hinauf bis zu Ihrem Kopf. Fahren Sie in Gedanken die Form Ihres Ohres nach. Konzentrieren Sie sich auf das Summen der Fliege an Ihrer Fensterscheibe. Tasten Sie sich nun langsam zurück in einen wachen Zustand und öffnen Sie die Augen.

Wenn Sie es schaffen sich auch nur für zehn Minuten voll und ganz auf Ihr physisches Dasein zu konzentrieren, sollten Sie sich bereits ruhiger, stressfreier und klar im Kopf fühlen. Sie haben Ihren Fokus für Wesentliches geschärft und Kraft und Energie getankt. Die Minuten gehören ganz allein Ihnen und durch die Konzentration auf eine bestimmte Sache, halten Sie all Ihre anderen Gedanken, die

Ihren Morgen so träge und grau machen an. Die Konzentration an sich, wird Ihnen am Anfang vermutlich etwas schwer fallen. Wir sind es kaum noch gewohnt uns voll und ganz einer so simplen Sache, wie der Selbstbeobachtung, zu widmen. Es wird also ein wenig Übung brauchen. Sobald Sie merken, dass Ihre Gedanken abschweifen, führen Sie sie langsam zurück und richten Ihren Fokus behutsam wieder auf die Erkundung ihres physischen Ichs.

Visualisierung

Um sich für den Tag zu motivieren, können Sie Ihre morgendliche Meditationsphase dazu nutzen, Ihre Ziele für den heutigen Tag zu visualisieren. Sie haben ja bereits gelernt, dass Sie eben nicht an den Weg denken sollen, um ein Ziel zu erreichen, sondern an das Ziel selbst. Dieses Zieldenken gibt Ihnen die nötige Motivation und Energie, eine Sache so gut wie möglich zu machen und trotzdem mit Spaß dabei zu sein. Wie denken Sie ihre Ziele aber richtig?

Vielleicht haben Sie schon einmal von Visualisierung gehört. Visualisierung verstärkt ein Bild und Gefühl vor Ihrem inneren Auge. Wenn Sie ein Ziel für den heutigen Tag haben, dann motivieren Sie sich, in dem Sie sich visuell genaustens ausmalen, wie es sein wird, wenn Sie dieses Ziel erreicht haben und wie Sie sich fühlen werden. Das funktioniert sowohl bei großen Lebenszielen, um über einen längeren Zeitraum hinweg nicht die Motivation zu verlieren, als auch bei kleinen kurzfristigen Zielen.

Nehmen wir an, Sie haben heute einen Haufen Arbeit zu erledigen, für den Sie wahrscheinlich auch Überstunden machen müssen. Weil Sie diesen riesigen Berg Arbeit vor Ihrem inneren Auge sehen, wollen Sie erst gar nicht anfangen und schieben es immer weiter hinaus überhaupt aufzustehen oder zur Arbeit loszufahren. Wie können Sie dieser Herausforderung begegnen und diese Hemmung überwinden?

Noch immer sitzen Sie in Ihrer komfortablen Meditationsposition. Richten Sie Ihren Fokus auf das Ende dieses Tages, wenn Sie all die viele Arbeit hinter sich haben. Stellen Sie sich vor, was Sie zu Ihrem Feierabend machen werden. Vielleicht sind Sie mit Freunden im Kino verabredet, vielleicht sitzen Sie eine Tiefkühlpizza schmatzend auf dem Sofa, vielleicht werden Sie Ihrem Hobby nachgehen. Malen Sie sich genau aus, wie es sein wird, wenn Sie das Büro heute Abend verlassen werden. Wie frei Sie sich fühlen werden, dass Sie all die Arbeit geschafft haben, die Sie sich vorgenommen haben. Malen Sie sich Ihre Feierabendszene so detailliert wie möglich aus. Genau diesen Moment, wenn Sie aus dem Büro laufen, Ihrer Freizeit entgegen, in der Sie tun werden, was immer Sie tun wollen, müssen Sie visualisieren. In diesen Moment projizieren Sie so viel Glück und Freude, wie jemand nur verspüren kann. Sie werden der glücklichste Mensch der Welt an diesem heutigen Abend sein. Übertreiben Sie ruhig mit Ihrer Visualisierung.

Sie haben die Szene nun genau vor Augen und wissen, wie gut Sie sich in ein paar Stunden fühlen werden. Diese Szene und die dazu gehörigen Gefühlen, können Sie im Laufe des Tages immer wieder visualisieren. Sie müssen sich lediglich daran erinnern. Auf diese Weise produzieren Sie selbs positives Denken und Energie. Die Arbeit erledigt sich ganz von alleine, wenn Sie nur gut genug wissen und fühlen, wie es sein wird das Ziel am Ende des Tages zu erreichen.

Akzeptieren

Sollten Sie noch immer Probleme haben Ihren inneren Schweinehund zu überwinden und mit der Arbeit des Tages zu beginnen, kommt hier ein weiterer Tipp. Bevor Sie ihre Ziele visualisieren und positive Energie entwickeln, müssen Sie einen Umstand oder eine Situation so akzeptieren, wie sie ist. Sie ärgern sich ganz offensichtlich über etwas, was Sie heute zu tun haben. Etwas ist entweder viel zu anstrengend oder sehr unangenehm. In diesem Fall hilft logisches Denken. Akzeptieren Sie eine Situation, das heißt auch eine Erledigung die Sie machen müssen, zu 100%. Hört sich einfach an und ist es auch, sofern Sie den Hebel in Ihrem Kopf finden, den Sie umlegen müssen, um einer Situation nicht mehr negativ-emotional sondern rational zu begegnen. Nehmen Sie die Situation so an, wie Sie ist. Akzeptieren Sie, dass etwas getan werden muss. Erinnern Sie sich daran, wofür im Leben sie dankbar sind und wie sie sich fühlen werden, wenn Sie diese Situation hinter sich gelassen haben. Wenn Sie das schaffen, werden Sie keinen Grund mehr finden zu jammern oder sich zu beschweren, denn Ihnen wird klar, dass Sie eigentlich glücklich sein sollten.

Selbstbewusstsein

Vielleicht brauchen Sie ja auch einfach nur eine ordentliche Portion Selbstbewusstsein, um energetisch in den Tag zu starten. Sie fürchten sich vor diesem Tag, weil Sie Angst haben zu versagen. Diese Angst existiert allerdings nur in Ihrem Kopf und ist nicht real. Mangelndes Selbstbewusstsein, ist wahrscheinlich das größte Hemmnis, das Menschen davon abhält Ihre ganze Energie und Ihr volles Potential zu entfalten. Auch für die tägliche Stärkung ihres Selbstbewusstseins können Sie jeden Morgen etwas tun, um frisch und mit viel Motivation in den Tag zu starten.

Nehmen wir mal an, Sie stecken in folgender Situation: Sie haben heute eine Präsentation zu halten, welche Sie noch nicht fertig ausgearbeitet haben und vor der Sie sich fürchten, weil die Präsentation eben nicht gut vorbereitet ist, Sie sich nicht sicher im Thema fühlen und Ihr Chef vermutlich Fragen stellen wird, die Sie verunsichern könnten.

Zuerst einmal sollten Sie sich beruhigen, indem Sie überlegen, wann Sie Ihre Präsentation fertig stellen können. Sicherlich finden Sie noch Zeit. Sie denken ab jetzt ja positiv.

Um ihr Selbstbewusstsein dauerhaft zu stärken, können Sie sich jeden Morgen diese einfache Übung vornehmen. Finden Sie Dinge, die Sie an sich selbst mögen, gut finden und die Sie gut können. Schreiben Sie diese Dinge kurz und knackig formuliert auf. Ihre neue Morgenroutine wird nun darin bestehen, dass Sie sich vor den Spiegel stellen, sich selbst anblicken und sich fest und überzeugend die Dinge ins Gesicht sagen, die Sie auf Ihren Zettel geschrieben haben. Wiederholen Sie sie noch einmal und lesen Sie den Zettel noch einmal vor. Irgendwann werden Sie die Punkte, die Sie an sich mögen auswendig vortragen können. Verkürzen Sie sie zu Stichwörtern und sagen Sie sich immer wieder, was Sie an sich mögen.

Sie können sich auch überlegen, was Sie in letzter Zeit besonders gut gemacht. Worauf sind Sie stolz? Visualisieren Sie immer wieder diese eine Situation, die Sie hervorragend gemeistert haben. Wie überschwänglich Sie sich da gefühlt haben. Von mangelndem Selbstbewusstsein keine Spur.

Guten-Morgen-Zitate

Um den Morgen mit guten Gedanken zu beginnen und Sie schneller aus dem Bett zu locken, haben wir im Folgenden für Sie ein paar motivierende Zitate zusammengetragen. Sie können ein oder mehrere Zitate aufschreiben und so in Ihrem Zimmer aufhängen oder neben Ihr Bett legen, dass Sie es gleich als erstes sehen, wenn Sie die Augen aufschlagen. Lesen Sie das Zitat laut vor und reflektieren Sie den Sinn der sich dahinter verbirgt. Was können Sie aus diesem Satz für Ihren heutigen Tag mitnehmen?

Der Morgen bringt etwas, das Jugend verleiht. Wenn die, welche den Morgen verschlafen, wüssten, was Sie verlieren!

Der eine Tag, der alles im Leben verändern kann, beginnt jeden Morgen neu.

Wer nicht will findet Gründe. Wer will findet Wege.

Wir können nicht zu dem werden, was wir sein möchten, indem wir das bleiben, was wir sind.

Jeden Morgen hast du zwei Möglichkeiten: Einschlafen um weiter zu träumen oder aufwachen, um deine Träume, zu verwirklichen.

Es sind nicht die äußeren Umstände die das Leben verändern, sondern die inneren Veränderungen, die sich im Leben äußern.

Du bist was du tust, nicht was du sagst, dass du tun wirst.

Genauso motivierend wirkt es übrigens auch, wenn Sie sich mit motivierenden Bildern umgeben, die Sie sofort anblicken, sobald Sie aufgewacht sind. Vielleicht haben Sie zur Zeit in mittelfristiges oder langfristiges Ziel, welches Sie erreichen möchten und für das Sie jeden Tag etwas zu müssen. Suchen Sie sich ein passendes Bild, welches Ihr Ziel symbolisiert oder abbildet, und hängen Sie es sich neben Ihr Bett.

Nachdem die vorhergehenden Ratschläge sich an Ihren Geist gerichtet haben und Sie versucht haben zum Umdenken aufzufordern, werden Sie im nächsten Kapitel erfahren, wie Sie Körper und Geist noch besser in Einklang bringen, um mehr Energie für Ihren Tag zu produzieren.

ROUTINIERTE HANDGRIFFE

Ihr erster Handgriff am Morgen sollte immer der Griff zu einem Glas Wasser neben Ihrem Bett sein. Nach acht Stunden Schlaf ist unser Körper völlig dehydriert und braucht Wasser.

Um Ihren Morgen bewusster zu gestalten, zeigen wir Ihnen nun, wie Sie mit bedachten Handgriffen und Achtsamkeit, ihre Sinne schärfen und Ihre Konzentration steigern. Eine Übung der Achtsamkeit haben Sie bereits angewendet als Sie sich auf sich selbst, Ihr Innerstes und auf jedes einzelne Bestandteil Ihres physischen Daseins fokussiert haben.

Achtsam

Beginnen Sie Morgen mit positiven Gedanken, so wie Sie es bereits gelernt haben. Danach können Sie eine Achtsamkeitsübung zum Teil Ihrer morgendlichen Routine machen. Diese Übung wird Sie nicht nur aufwecken, sondern Ihre Sinne und Ihre Konzentration schärfen. Achtsamkeit bedeutet alle Aufmerksamkeit Ihrer Sinne auf etwas Bestimmtes zu lenken. Wenn Sie diese eine Sache genaustens beobachten, werden Sie Details erkennen, die Ihnen vorher nie aufgefallen sind. Indem Sie sich bis ins kleinste Detail mit dieser einen Sache beschäftigen, kommen Sie, wie schon bei der Meditation, zur Ruhe und können alle anderen Gedanken aus Ihrem Kopf werfen. Genau dieses ständige Denken über Vergangenes oder Unwichtiges, das uns viel zu sehr beschäftigt, raubt uns unseren Fokus für das Wesentliche.

Sobald sie aufgestanden sind, nehmen Sie sich vor, jeden Ihrer Handgriffe zu beobachten. Was machen Sie als nächstes, nachdem Sie sich von der Bettkante erhoben haben? Sie setzen langsam einen Schritt vor den anderen. Zählen Sie

Ihre Schritte bis zum Badezimmer. Setzen Sie den Fußballen mit jedem Schritt langsam und bedacht auf, rollen Sie den Fuß ab, bevor sich die Berührung Ihrer Zehenspitze mit Fußboden wieder verliert. Sie Tasten nach dem Lichtschalter im Badezimmer. Wie fühlt er sich an? Fahren Sie den Rand des Schalters mit Ihren Fingern entlang und versuchen Sie jedes noch so kleine Detail mit Ihrem Tastsinn zu erfassen.

Am Anfang dieser Übung werden Sie sich wahrscheinlich ein wenig albern vorkommen. Sie werden jedoch schnell merken, wie diese neue fokussierte Wahrnehmung, sich auf all Ihre Sinne zu jeder Zeit auswirken wird. Es werden Ihnen Details auffallen, die Sie vorher so nie gesehen haben und genau das wird sich auch auf den Rest Ihres Tages und Ihres Alltags auswirken. Ihr Urteilsvermögen wird zuverlässiger und Sie sind viel eher imstande komplizierte Zusammenhänge zu erkennen, wenn Sie Ihre Achtsamkeit trainiert haben.

Frühstücken

Ihre nächste Station ist wahrscheinlich die Küche. Widmen Sie der Zubereitung Ihres Frühstücks Zeit und Ihre volle Aufmerksamkeit. Wenn Sie eine Scheibe Brot schneiden, achten Sie darauf, wie die Messerspitze die knusprige Brotkruste durchbricht. Dabei strömt Ihnen der Duft frischen Brotes in die Nase. Sie stecken die Scheibe Brot in den Toaster und nehmen wahr, wie sich nach ein paar Sekunden, dieser frische Brotgeruch noch intensiviert. Sehen Sie zu, wie sich das Brot ganz langsam verfärbt und eine goldbraune Farbe annimmt. Sobald die Scheibe aus dem Toaster gesprungen ist, können Sie die Butter und ein Messer aus dem Schrank holen. Auch diese Arbeitsschritte führen Sie wieder mit Bedacht aus. Dann schneiden Sie ein Stück Butter ab. Das Messer versinkt mit Leichtigkeit in der weichen Butter. Jetzt legen Sie Ihr Stück Butter auf Ihren warmen Toast und sehen zu, wie sie langsam dahin schmilzt.

Wenn Sie Ihr Frühstücksbrot oder was auch immer Sie essen möchten, fertig vorbereitet haben, essen Sie es nicht einfach. Natürlich nehmen Sie sich auch für diesen Schritt viel Zeit. Wenn Sie Ihre volle Aufmerksamkeit dem Üben von Achtsamkeit widmen möchten, dann machen Sie nichts anderes außer Frühstücken. Schalten Sie alles aus und legen Sie alles weg, was Sie ablenken könnte. Widmen Sie sich ganz und gar Ihrem Frühstücksbrot. Spüren Sie, wie es nachgibt, wenn sich Ihre Zähne darin versenken und Sie herzhaft zubeißen. Versuchen Sie jeden einzelnen Krümel Ihres Brotes zu schmecken.

Überall

Achtsamkeit können Sie jederzeit und überall üben. Vielleicht möchten Sie auch die folgende Übung in Ihre Morgenroutine einbauen. Setzen Sie sich mit Ihrem Kaffee auf den Balkon. Was sehen Sie? Diesen Blick haben Sie sich wahrscheinlich schon tausend Mal angesehen. Dieses Mal versuchen Sie jedoch Dinge zu finden, die Sie bisher nicht wahrgenommen haben. Richten sie ihren Fokus auf einen bestimmten Ausschnitt Ihrer Aussicht. Zum Beispiel auf einen Kiosk oder einen Laternenmast. Nehmen Sie dieses Objekt, für das Sie sich entschieden haben, nun völlig neu wahr. Betrachten Sie jedes noch so kleine Detail und strengen Sie Ihre Augen an, um aus der Ferne mehr erkennen zu können. Beschreiben Sie nun, was Sie sehen. Stellen Sie sich vor, Sie beschreiben die Szene für jemandem, der das Bild, das sie vor sich haben, nicht sehen kann.

Für eine weitere Übung schließen Sie Ihre Augen und konzentrieren sich ausschließlich auf das, was Sie hören. Zuerst sind das wahrscheinlich die tagtäglichen Dinge, die

Sie immer hören, sobald Sie das Fenster öffnen. Autos, Vögel, Gespräche von Menschen, das Rauschen der Bäume. Wenn Sie sich jedoch nur auf Ihr Gehör konzentrieren, werden Sie Geräusche entdecken, die Ihnen vorher noch nie aufgefallen sind. Versuchen Sie Geräusche, die Sie kennen auszusortieren und suchen Sie nach solchen, die Sie noch nicht kennen. Das Brummen eines Generators, das Piepen einer Ampel, das Plätschern eines Brunnens am Ende der Straße, das Rascheln der Zeitung des Mannes im Café, das Bellen eines Hundes, den Sie nicht sehen. Versinken Sie in dieser Welt aus Geräuschen und entdecken Sie immer wieder ein neue.

Kleine Arbeiten

Sie können auch schon am frühen Morgen kleinere Arbeiten bewusst und achtsam verrichten. Machen Sie es zum Beispiel zu Ihrem morgendlichen Ritual Ihre Blumen zu gießen. Vielleicht gibt es Kleinigkeiten aufzuräumen. Wenn Sie am Morgen Ihr Bett machen und die Küche ordentlich hinterlassen, werden Sie am Nachmittag mehr Energie für Ihren Feierabend aufbringen, weil Sie wissen, dass keine ungeliebten Tätigkeiten zu Hause auf Sie warten.

Gleichzeitig können Sie diese Tätigkeiten zum Training Ihrer Achtsamkeit nutzen. Beobachten Sie zum Beispiel, wie Ihre Zimmerpflanze das Wasser dankbar und durstig aufsaugt, nachdem Sie sie gegossen haben. Sie können fast erkennen, wie es durch die Wurzeln, den Stiel und schließlich in die Blätter und Blüten Ihrer Pflanze strömt.

Vergessen Sie nicht diese achtsame Wahrnehmung in Ihre positiven Gedanken und Ihre Dankbarkeit einfließen zu lassen. Das Erblühen Ihrer Zimmerpflanze, das Gezwitscher der Vögel, das Rauschen der Bäume, das Plätschern des Brunnens sind Dinge, die nicht selbstverständlich sind.

Viele der Geräusche, die Sie jetzt hören, waren Ihnen vorher gar nicht bewusst. Erfreuen Sie sich daran, wie der Wind durch die Bäume und Ihnen um die Nase weht. Der Geruch von frisch gebackenen Brötchen, der Ihnen da vom Bäcker herüberweht, ist doch nun wirklich der beste Geruch mit dem man den Morgen beginnen kann. Warum war Ihnen das vorher noch nie klar gewesen.

Kontrolle zurückerlangen

Egal wie Ihre persönlichen Morgenrituale am Ende aussehen werden. Wichtig ist, dass Sie Ihren Morgen bewusst leben und die Kontrolle zurückerlangen. Oft stürzen wir vom Bett geradewegs ins Büro. Wir leben nach dem Motto: erst die Arbeit dann das Vergnügen. Es gilt als Tugend und als erstrebenswert so früh wie möglich mit der Arbeit zu beginnen. Wer den Morgen langsam beginnt und so vor sich hin schlendert, wird auch den restlichen Tag nichts gebacken kriegen und gilt als faul. Genau dieses Denken gilt es zu durchbrechen. Jeder Mensch hat einen eigenen Biorythmus. Das haben zum Glück inzwischen auch unsere Arbeitsgeber erkannt und viele bieten Ihren Mitarbeiter Gleitzeiten an. Sie können also später mit der Arbeit beginnen und bleiben dafür länger, wenn Sie keine Morgenmenschen sind.

Sie freuen sich auf den Feierabend und nehmen sich erst nach der Arbeit Zeit für sich selbst. Doch warum eigentlich erst danach? Macht es nicht viel mehr Sinn, dass auch oder grade am Morgen vor der Arbeit zu tun? So wie Sie Ihren

Morgen beginnen, wird auch der Rest Ihres Tages verlaufen. Wenn es bei Ihnen zwischen Schlafen und Arbeit keinen Morgen gibt, werden Sie kraftlos und unkonzentriert sein. Sie werden zwar physisch im Büro anwesend sein, geistig sind Sie es aber nicht. Viel schlimmer ist, dass das jeden Tag so sein wird, wenn Sie nicht die Kontrolle über Ihren Tagesrhythmus zurückerlangen und sich Zeit für sich selbst schaffen.

Sie fühlen sich wahrscheinlich, als wären Sie in einem Hamsterrad gefangen. Sie wachen auf, gehen zur Arbeit kommen müde zurück und gehen ins Bett. Morgen wieder das selbe von vorn. Wenn Sie sich nicht strikt disziplinieren sich Zeit für sich selbst zu nehmen, werden Sie dieses Hamsterrad nie verlassen.

Die Selbstdisziplin liegt vor allem darin, früher aufzustehen als Sie eigentlich müssten, denn für ein Morgenritual brauchen Sie schließlich Zeit. Sie werden jedoch sehen, dass es sich lohnt und dass Sie sich den ganzen Tag über wacher fühlen werden, obwohl Sie früher als sonst aufgestanden sind. Das kommt eben daher, dass Ihnen diese Zeit für sich selbst am frühen Morgen Energie und Konzentration geben wird. Irgendwann müssen Sie nun einmal Zeit finden, Ihre Gedanken zu ordnen und von der Arbeit Abstand zu gewinnen.

Allzu viel Zeit brauchen Sie übrigens auch gar nicht. Ein paar Minuten genügen oft schon. Vielleicht brauchen Sie zuerst eine wenig Überwindung und Übung für ein neues Ritual. Für das richtige Morgenritual, das zu Ihnen passt sollten Sie sich übrigens auch nicht zwingen müssen und nicht unter Druck setzen. Sie sollten das Ritual mit Freude durchführen.

Keine Ausreden

Für den nächsten Tag nehmen Sie sich also genau das vor. Sie stehen eine halbe Stunde früher auf als normalerweise. Wenn Sie es erst mal geschafft haben, aus Ihrem Bett zu kriechen und aufrecht zu stehen, werden Sie die Energie dieser frühen Morgenstunde bereits spüren. Nehmen Sie einen großen Schluck aus Ihrem Wasserglas. Gehen Sie zum Fenster und öffnen Sie es weit. Holen Sie ein paar Mal tief Luft, um Ihren Körper langsam aufzuwecken. Gehen Sie ins Badezimmer und putzen Sie Ihre Zähne. Laufen Sie beim Zähneputzen ein wenig durch die Wohnung, um Ihren Kreislauf in Schwung zu bringen. Sie können ja schon die Kaffeemaschine anmachen.

Dieses Szenario hatten Sie vielleicht schon oft vor in die Tat umzusetzen richtig? Jedes Mal wenn Sie sich aber vorgenommen haben früher aufzustehen, haben Sie sich doch wieder auf die Seite gedreht und weiter geschlafen. Jede weitere Sekunde mehr Schlaf war wichtiger als alles andere. Genau das ist der innere Schweinehund, den Sie überwinden müssen. Machen ein paar Minuten mehr oder weniger wirklich einen Unterschied? Wenn Sie noch eine viertel Stunde länger schlafen, werden Sie trotzdem noch müde sein. Wenn Ihnen am Morgen einfällt, dass Sie früher aufstehen wollten, sehen Sie nur die Anstrengungen, die es bereiten wird, wenn Sie jetzt aufstehen, obwohl sie noch furchtbar müde sind. Am Abend zuvor jedoch, als Sie sich vorgenommen haben früher aufzustehen, haben Sie nur die positiven Aspekte gesehen und genau diese haben Sie motiviert früher aufstehen zu wollen.

Jetzt ist Ihnen jedoch eine Ausrede eingefallen: Sie sind noch müde. Werden Sie später, wenn Sie dann wirklich aufstehen müssen, eigentlich wesentlich wacher sein? Sie sind zu spät eingeschlafen. Da müssen Sie jetzt durch. Das wird Ihnen die nächste Nacht nicht passieren, denn wenn Sie jetzt aufstehen und den Tag intensiv nutzen, werden Sie heute Abend geschafft und zufrieden ins Bett fallen und schnell einschlafen.

Anleitung zum Aufstehen

Erinnern Sie sich daran, was Sie bereits über Visualisierung und positives Denken gelernt haben. Falls Ihnen am Morgen der Gedanke kommt, Sie wollten noch länger schlafen, zwingen Sie sich zu Folgendem:

Unterbrechen Sie sofort diesen Gedanken. Werfen Sie ihn aus Ihrem Kopf hinaus.

Denken Sie jetzt nicht ans Aufstehen an sich. Sondern an die Zeit, wenn Sie bereits wach sein werden. Visualisieren Sie kurz, wie Sie mit einer Tasse Kaffee durch die Küche tanzen, mit Ihrem Hund einen Spaziergang machen oder all die anderen tollen Dinge, die Sie noch vor dem Frühstück erledigen werden.

Wenn Sie diese positiven Dinge visualisiert haben, hören Sie auf Fragen zu stellen und stehen auf. Ihr gestriges waches Ich, wusste schon warum es heute *früh* aufstehen wollte. Vertrauen Sie dem, was Sie gestern wollten und ignorieren Sie Ihr heutiges verschlafenes Ich.

Wenn Sie wissen, dass Sie noch vor der Arbeit Zeit für sich und für etwas haben, das Ihn Freude bereitet, sollte es Ihnen bereits viel einfacher fallen auf die Beine zu kommen. Wenn Sie vor haben Ihren Morgen mit Yoga zu beginnen, können Sie Ihre Yogamatte schon am Abend vor Ihrem

Bett ausbreiten, so dass sie einladend aussieht, sobald Sie aufwachen und Sie motiviert aufzustehen. Wenn Sie am Morgen ein paar Seiten in Ihrem Buch lesen wollen, können Sie es ebenfalls schon am Abend neben ihr Bett legen, so dass Sie am Morgen daran erinnert werden, dass Sie eben nicht aufstehen, um gleich zur Arbeit zu gehen, sondern dass der Tag für Sie mit etwas angenehmen beginnt

Ordnung

Es ist übrigens auch eine große Motivationshilfe in einem ordentlichen Zimmer aufzuwachen. Wenn Sie also mal aufräumen und putzen müssten, dann tun Sie dies lieber als letzte Arbeit des Tages, sonst wird es Ihnen schwer fallen am Morgen aufzustehen. Wachen Sie in einem Zimmer voller Chaos auf, wird sich dies auch auf ihren Geist auswirken. Sie wollen schließlich Ihre Gedanken ordnen und einen freien Kopf bekommen. Sind Sie jedoch von Chaos umgeben und plagt Sie die ganze Zeit das schlechte Gewissen, dass Sie aufräumen müssten, dürfte das schwierig werden.

Ordnung in Ihrem Leben, in Ihrem Kopf und in Ihrer Umgebung hängen also zusammen, auch wenn Sie das vielleicht nur im Unterbewusstsein wahrnehmen. Mit dem Thema Ordnung wollen wir auch im nächsten Kapitel fortfahren.

STRUKTUR & KLARHEIT SCHAFFEN

In diesem Kapitel wollen wir Ihnen zeigen, wie Sie Ihren Morgen und Ihren Tag am Besten koordinieren, strukturieren und planen. Eine gute Planung für den Tag ist wichtig, um den Kopf frei zu bekommen und um Ängste, etwas zu vergessen, loszuwerden. Mit einer effektiven Planung, nutzen Sie Ihren Tag auch viel intensiver. Schon am Morgen wird Ihnen bewusst, was Sie am heutigen Tag alles schaffen und erreichen können. Es ist unerlässlich, dass Sie Ihre Ziele des Tages festlegen und festhalten, um sich motivieren zu können und sollte von daher definitiv zu Ihrer Morgenroutine gehören.

Haben Sie einen Plan!

Ein guter Tag beginnt mit einer guten Planung. Und im Grunde genommen beginnt diese Planung bereits am Abend davor. Schreiben Sie also schon bevor Sie ins Bett gehen auf, was Sie am morgigen Tag zu erledigen haben und machen wollen. Warum ist das so wichtig? Ganz einfach. Mit dem festhalten Ihrer Gedanken auf Papier schwirren Ihnen diese Gedanken nicht mehr im Kopf herum. Schreiben Sie sie nicht auf, werden Sie die ganze Nacht über Angst haben, etwas zu vergessen. Genau diese Angst könnte Sie davon abhalten einzuschlafen und einen erholsamen ruhigen Schlaf zu haben. Des weiteren nehmen Sie Ihre Vorhaben ernster. Erinnern Sie sich, dass Sie die Kontrolle über Ihr Leben zurückerlangen wollen. Dass geht nur, wenn Sie Ihre Vorhaben zu festen und konkreten Zielen erklären. Wenn Sie diese aufschreiben, sehen Sie sie visuell vor sich und es wird Ihnen schwerer fallen, eine Ausrede zu finden etwas nicht tun zu müssen. Wenn Sie all diese Dinge dann morgen tatsächlich erledigt haben, können Sie sie durchstreichen und ein Häkchen dahinter setzen. Das tun zu können, werden Sie als eine Belohnung empfinden. Je mehr Dinge Sie tatsächlich von ihrer Liste in die Tat umgesetzt haben, desto zufriedener werden Sie mit Ihrem Tag sein und desto mehr Motivation werden Sie für den folgenden Tag aufbringen.

Ohne Ablenkung

Genau diese feste Koordination brauchen Sie auch am Morgen. Nehmen Sie sich vor, sobald Sie am Frühstückstisch sitzen, noch einmal genaustens aufzuschreiben, was es heute für Sie zu tun gibt. Schreiben Sie nicht nur Ihre Pflichten auf, sondern auch die schönen Dinge, mit denen Sie sich belohnen werden und die Ihren Freude bereiten. Sie dürfen also nicht vergessen, sich Zeit für sich selbst einzuräumen. *Sie* diktieren, wie ihr Tag aussehen wird, nicht umgekehrt. Sie lassen sich zunächst einmal durch nichts und niemanden von diesem Tagesplan abbringen.

Schreiben Sie die Zeiten auf, wann sie gedenken etwas zu tun und versuchen Sie sich daran zu halten. Nur so werden Sie Dinge, die Sie ungern erledigen auch tatsächlich in Angriff nehmen ohne dafür Ausreden zu finden. Schätzen sie realistisch ein, wie lange etwas dauern wird. Lassen Sie Zeit für Pausen und Regeneration. Vermeiden Sie jedoch Pause, bei denen Sie Gefahr laufen sie ins unendliche auszudehnen. Sich vor den Fernseher zu setzen ist zum Beispiel so eine Art Pause. Wenn Sie von der Arbeit nach Hause kommen sollten Sie sich also eben nicht aufs Sofa setzen und den Fernseher „kurz“ anschalten. Aus „kurz“ werden nämlich ziemlich sicher schnell zwei Stunden und mehr. Versuchen Sie Ihre Pausen sinnvoll zu gestalten und auch währenddessen konzentriert und aktiv zu bleiben.

Nehmen Sie sich zum Beispiel vor, nach der Arbeit sofort joggen zu gehen ohne sich vorher noch einmal „kurz“ hinzusetzen. Das gleiche gilt für Ihren Morgen. Vermeiden Sie Dinge, die immer weiter laufen, die kein Ende finden und Sie von Ihren eigentlichen Vorhaben ablenken. Lassen Sie das Radio, den Fernseher und das Smartphone aus. Sie wollen am Morgen Zeit mit sich selbst verbringen und nicht vom Rhythmus Ihrer elektronischen Geräte bestimmt werden. Diese Stunde am Morgen gehört Ihnen allein.

Morgen-Meeting

Je besser Sie also organisiert sind, desto organisierter ist auch Ihr Kopf und Geist. Planen Sie auch schon für die nächsten Tage, die nächste Woche. Ordnen Sie die Dinge, die Sie zu erledigen haben nach Dringlichkeit. Erledigen Sie zuerst das Wichtige, die anderen Sachen können Sie notfalls auch auf einen anderen Tag verschieben.

Sie haben quasi ein Morgen-Meeting mit sich selbst und Ihre Küche ist Ihr Büro. Sortieren Sie Ihre Gedanken schon am frühen Morgen, werden Sie den Rest des Tages viel konzentrierter und fokussierter angehen können. Sie können auch aufschreiben, was Ihnen bisher an diesem Morgen so durch den Kopf gegangen ist. Vielleicht haben Sie gerade viel Stress, ein persönliches Problem oder Sie gehören zu den Menschen, die sowieso immer viel zu viel nachdenken und nicht aufhören können. In diesem Fall kann es auch zu Ihrem Morgenritual werden, dass Sie diese Gedanken zu Papier bringen. Auf diese Weise leeren Sie zum einen Ihren Kopf von Überflüssigem. zum anderen sind Sie vielleicht im Stande eine Situation aus einer anderen Perspektive sehen zu können und neue Lösungen für ein Problem zu finden.

Gehirnjogging

Denken ist ohnehin eine gute Routine mit der Sie den Tag beginnen sollten. Natürlich ist es auch wichtig seinen Kopf zu entspannen und ihn hin und wieder frei von Gedanken zu räumen. Denken am Morgen stärkt jedoch Ihre Konzentrationsfähigkeit und Gedächtnisleistung. Es kommt aber natürlich darauf worüber Sie nachdenken. Lassen Sie sich selbst und Ihr Leben dabei aus dem Spiel. Das bringt Sie nur zu sehr ins grübeln. Lesen Sie stattdessen die Zeitung oder ein paar Seiten in Ihrem Buch. Sie können auch ein Rätsel lösen oder während dem Frühstück Ihre Achtsamkeit trainieren.

In jedem Fall sollten Sie sich nicht vom Fernsehen oder Radio berieseln lassen. Scrollen Sie nicht sinnlos Ihre Facebook-Seite hoch und runter. All diese Dinge lassen Sie nur vor sich her starren, aber regen Ihr Gehirn nicht an. Sie machen Sie nur wieder schläfrig.

Nach dem Gehirnjogging können Sie mit einer richtigen Runde Jogging fortfahren. Im nächsten Kapitel geht es um eine aktive und sportliche Gestaltung Ihres Morgens.

Bewegung ist nicht nur eines der besten Rezepten aufzuwachen, sondern einer der wichtigsten Bestandteile eines gesunden Lebensstils.

FIT & AKTIV IN DEN TAG

Sport und Bewegung sind für einen gesunden Körper und Geist unerlässlich. Nicht nur halten Sie sich fit und aktiv, sondern Sie finden auch innere Ruhe und Balance, wenn Sie sich körperlich verausgaben. Wenn Sie Sport treiben und an Ihre Grenzen gehen, können Sie alles um sich herum vergessen. Sie denken nicht mehr an Stress und Probleme, sondern konzentrieren sich nur noch auf Ihren Körper, Ihre Muskeln, darauf regelmäßig zu atmen, durchzuhalten und das Ziel zu erreichen. Ihr Kopf bekommt eine Pause und Ihren Körper halten Sie beweglich und fit. Natürlich geht es nicht darum schon am frühen Morgen Hochleistungssport zu treiben. Es geht darum Ihren Körper und Geist aufzuwecken, ihn ein wenig zu fordern, in sich zu gehen und darum, dass Sie Zeit mit sich selbst verbringen und Ihre Aufmerksamkeit ganz alleine Ihnen gehört. Wir schlagen Ihnen hier zwei Schwierigkeitsstufen vor, bei denen Sie von Tag zu Tag variieren können.

Beginnen können Sie mit einer kurzen Meeditationsphase. Auch wenn Sie kein Sport machen wollen, können

Sie sich selbst etwas Gutes tun und sich Stretchen. Yoga oder Pilates am Morgen sind ebenfalls zu empfehlen. Möchten Sie sich steigern, bietet es sich an ein paar mal die Woche am Morgen Joggen zu gehen oder WorkOuts zu Hause durchzuführen.

Zuhören

Sie haben bereits eine Idee davon erhalten, wie Meditation funktioniert. Meditation lässt Sie sich selbst zuhören. Meditation dient also nicht der Entspannung, sondern der Fokussierung auf sich selbst und Ihr Innerstes. Wenn Sie diesen Zustand innerer Ruhe und Fokussierung durch Meditation erreichen, können Sie Ihn in den Tag mit hineinnehmen. Sie können Ihrem Fitness-Programm am Morgen ebenfalls eine kurze Meditationsphase von zehn Minuten voranstellen, um den meditativen Zustand auch während Ihrer Fitness-Übungen beizubehalten. Es gibt eine Reihe unterschiedlicher Meditationstechniken. Für alle benötigen sie ein wenig Übung und bei allen ist es wichtig, dass Sie sich auf eine regelmäßige Atmung und zunächst einmal auf etwas körperliches konzentrieren, um sich dann leichter Ihrem Geist zuwenden zu können. Eben genau so wie wir es schon erläutert haben. Wollen Sie Ihre Meditationsübungen ausbauen, benötigen Sie außerdem ein wenig Vorstellungskraft. Hier sind drei Szenarien zum ausprobieren.

Meditationsübung 1: Sie liegen entspannt auf dem Rücken. Ihre Füße fallen locker zur Seite. Stellen Sie sich vor, Sie liegen auf einer Blumenwiese. Was fühlen Sie unter Ihren Händen? Was riechen Sie? Was hören Sie? Ein Windhauch streift Ihre Schulter. Das Grass kitzelt an Ihren Fingerspitzen. Die Luft ist von einem schweren süßen Blumenduft erfüllt. Sie hören das Zirpen der Grillen, das Summen einer Biene und das Rauschen eines Baumes. Malen Sie sich jedes Detail aus, das sie mit Ihren Sinnen erfassen können. Sie sind nur hier auf dieser Blumenwiese und vergessen alles andere um sich herum. Diese kurze Meditation wird auf Sie, wie ein kurzer Urlaub wirken. Ihre Sinne sind außerdem geschärft und Ihr Verstand wach.

Meditationsübung 2: Sie sitzen entspannt. Stellen sie sich vor, wie in Ihrem Innersten eine Rose heranwächst. Sie wächst unendlich langsam. Zunächst ist sie nur eine zarte winzige Knospe, die sich langsam zu öffnen beginnt. Das innere der Knospe beginnt rot zu leuchten, je weiter Sie sich öffnet. Lassen sie sich Zeit jedes einzelne Blütenblatt zu betrachten und wie der Rosenkopf schließlich seine volle Pracht entfaltet und einen wunderbaren Duft verströmt.

Wieder erschaffen Sie jedes kleinste Detail dieses Szenarios vor Ihrem inneren Auge.

Meditationsübung 3: Für diese Übung müssen Sie stehen. Schließen Sie die Augen und atmen regelmäßig. Richten Sie Ihren Fokus auf Ihre Atemzüge. Stellen Sie sich vor, wie Sie mit jedem Atemzug ein wenig mehr Luft aus diesem Zimmer, in dem Sie stehen, atmen. Beginnen Sie Ihre Atemzüge zu zählen. Schon bald haben Sie die ganze Luft aus dem Raum eingeatmet. Dadurch werden Sie immer leichter und leichter. So leicht, dass Sie mit Ihren Füßen fast vom Boden abheben.

Wirkt wie Kaffee

Stretching dient nicht nur der Aufwärmung vor einem WorkOut. Stretching an sich ist unersetzlich um fit und gesund zu bleiben. Warum? Weil Stretching unsere Beweglichkeit erhöht, verkürzte Muskeln verlängert und regeneriert. Ganz besonders am Morgen ist das wichtig, denn während der Nacht versteifen sich unsere Muskeln. Vielleicht haben wir auch falsch gelegen. Indem wir unsere Muskeln und Bänder dehnen, korrigieren wir diese Fehlhaltung und machen Muskeln und Gelenke fit für den Tag, denn wir haben uns schließlich für acht Stunden kaum bewegt. Regelmäßiges Dehnen verhindert Schmerzen und Haltungsschäden. Dehnung verbessert auch das Körpergefühl und die Körperhaltung und bringt am Morgen außerdem unseren Kreislauf in Schwung. Stretching ist also Teil eines aktiven Lebensstils, mit welchem wie jeden Tag beginnen sollten. Sie werden sehen, zehn Minuten Dehnung werden auf Sie wirken wie zwei Tassen Kaffee.

Stretch me

Im Folgenden haben wir für Sie eine fünfminütige Serie an Stretching-Übungen zusammengestellt. Nehmen sie sich Zeit und halten Sie jede Position für mindestens 20 Sekunden. Achten Sie auf eine gleichmäßige Atmung.

Stretching 1: Stellen Sie sich schulterbreit hin. Ihre Arme winkeln Sie über dem Kopf an. Mit Ihrer rechten Hand berühren Sie den linken Ellenbogen und mit der linken Handfläche Ihre Wirbelsäule. Drücken Sie Ihre Schultern fest nach hinten. Wenn Sie den linken Ellenbogen nach hinten gedrückt halten, federn Sie leicht nach, so das Ihre Muskeln an der Innenseite des Oberarms immer ein bisschen weiter gedehnt werden. Dehnen Sie nun den anderen Arm auf die gleiche Weise.

Stretching 2: Jetzt halten Sie einen Arm gestreckt über Ihre Brust und halten ihn mit der Armbeuge des anderen Arms fest. Ziehen Sie den gestreckten Arm mit dem angewinkelten Arm, immer weiter zu sich heran, so dass Sie Ihre Schulter und Ihren Oberarm dehnen.

Stretching 3: Sie sitzen für diese Übung kniend auf den Fersen. Die Knie berühren die Matte und den Oberkörper lehnen Sie zurück. Dabei dehnen Sie Ihre Oberschenkel.

Stretching 4: Sie liegen auf dem Rücken. Legen Sie ein gestrecktes Bein an die Wand. Das andere Bein winkeln Sie an und legen dessen Fuß auf das ausgestreckte Bein. Sie können sich auf den Ellenbogen abstützen. Dehnen Sie Ihre Unter- und Oberschenkel sowie die Gesäßmuskeln.

Stretching 5: Sie liegen wieder auf dem Rücke. Ihr rechtes Bein kreuzen Sie über das Linke. Mit dem Oberkörper bleiben Sie auf der Matte. Ihre Arme können Sie weit ausbreiten. Drehen Sie das übergekreuzte Bein und Ihre Hüfte zu einer Seite und legen Sie es über das andere noch immer gestreckte Bein.

Stretching 6: Für diese Übung sitzen Sie. Das linke Bein ist ausgestreckt, das andere schlagen Sie darüber. Sitzen Sie dabei aufrecht. Mit dem linken Arm greifen Sie nun hinter das rechte angewinkelte Bein. Sie drehen dabei Ihren Oberkörper automatisch nach rechts. Ziehen Sie sich mit Hilfe Ihres Armes noch weiter in diese Drehung hinein. Achten sie darauf, dass Ihre Schultern trotzdem nach hinten gezogen und Ihre Brust rausgestreckt bleibt.

Stretching 7: Sie stehen schulterbreit. Ihre Arme strecken Sie weit nach oben. Soweit Sie können. Stellen Sie sich auf die Zehenspitzen und wachsen Sie mit jedem Atemzug ein bisschen mehr in die Höhen. Spreizen Sie dabei auch jeden einzelnen Finger soweit Sie können.

Stretching 8: Noch immer stehen Sie grade und aufrecht. Legen Sie die Handflächen auf Ihren Hinterkopf und drücken Sie ihn mit Ihren Handflächen vorsichtig nach unten, während Sie Ihre Schulterblätter gleichzeitig nach hinten drücken. Rollen Sie nach der Übung Ihren Kopf ein paar mal langsam hin und her.

Sonnengruß

Wollen Sie sich ein wenig mehr fordern, dann beginnen Sie doch Ihren Tag mit Yoga. Richtig gemacht, kann das ziemlich anstrengend sein. Wir stellen Ihnen hier eine kurze klassische Yoga-Pose vor. Wobei es sich um einen flüssigen Ablauf handelt. Je öfter Sie die folgenden Übungen einstudieren, desto fließender werden die Übergänge. Sie halten hier keine Position, sondern bewegen sich kontinuierlich von einer Pose in die nächste und beginnen dann von vorn.

Für die Ausgangsposition stehen Sie. Die Füße stehen leicht auseinander. Heben Sie nun Ihre Arme nach oben und strecken Sie sich auf Zehenspitzen stehend, soweit nach oben wie Sie können. Strecken Sie dabei jede Faser Ihres Körpers. Der Kopf ruht zwischen Ihren Armen. Gehen Sie nun mit dem Gesäß langsam nach unten, genau so als ob Sie sich auf einen unsichtbaren Stuhl setzen wollen. Ihre Arme bleiben noch immer nach oben gestreckt. Mit den Fußsohlen stehen Sie fest auf dem Boden. Setzen sie sich so tief wie möglich auf Ihren imaginären Stuhl ohne die Balance zu verlieren. Stehen Sie nun wieder auf und strecken Sie sich noch einmal. Jetzt gehen Sie mit geradem Oberkörper und Armen nach unten, so dass Oberkörper und Beine in einem 90°Winkel zueinander stehen. Versuchen Sie mit den Händen Ihre Füße zu berühren, ohne Ihre Beine zu knicken. Federn Sie ein wenig nach und ziehen Sie sich mit jedem Atemzug ein paar Millimeter weiter nach unten, näher zu Ihren Füßen heran.

Jetzt legen Sie Ihre Hände gespreizt auf die Matte neben Ihre Füße. Machen Sie mit dem rechten Fuß einen großen Schritt zurück. Dann treten Sie auch mit dem linken Fuß zurück. Ihre Arme und Beine sind durchgestreckt. Sie stehen hinten auf Ihren Fußballen. Drücken Sie nun mit den Armen Ihr Gesäß soweit nach hinten und gleichzeitig nach oben wie möglich, ohne dass Sie Beine oder Arme knicken. Ihr Rücken sollte sich ein wenig konkav durchbiegen und Ihre Brust fast die Matte berühren. Je nach dem wie dehnbar sie bereits sind.

Jetzt bringen Sie ihren Körper flach zur Matte, ohne jedoch mit dem Oberkörper oder den Knien die Matte zu berühren.Ihre Händen liegen eng neben Ihrer Brust, mit diesen stützen Sie sich vorne auf. Hinten stützen Sie sich auf Ihre Fußballen. Der Rest Ihres Körpers schwebt kurz über dem

Boden. Legen Sie sich nun ganz auf der Matte ab. Ihr Schambein liegt allerdings nicht auf der Matte. Ihr Gesäß liegt deshalb etwas höher als der Rest Ihres Körpers. Auch Ihre Stirn ruht kurz auf der Matte. Wenn Sie in die nächste Pose gehen, berührt nur Ihr Bauch die Matte. Ihr Oberkörper, Arme, Hände, Beine und Füße heben Sie soweit wie möglich von der Matte weg. Stellen Sie sich vor, Sie wollen wie ein Halbmond aussehen, der auf dem Rücken liegt. Benutzen Sie hierfür Ihre Bauch- und Rückenmuskeln.

Legen Sie jetzt wieder die Hände und Fußballen auf die Matte und schieben Sie sich von hieraus wieder in die Position, bei der Sie Ihr Gesäß mit Hilfe Ihrer Arme soweit wie möglich nach hinten schieben. Ihre Beine und Arme sind wieder durchgedrückt, jedoch nicht überstreckt. Achten Sie darauf immer eine gewisse Körperspannung zu halten, um sich keine Verletzungen zuzuziehen.

Machen Sie wieder einen großen Schritt nach vorne, dann noch einen und kommen Sie zurück in Ihre stehende Ausgangsposition.

Diesen Ablauf können sie noch ein paar mal wiederholen und so für ganzkörperliche Dehnung sorgen. Investieren Sie mindestens fünf Minuten. Wenn Sie sich näher mit Yoga beschäftigen, werden Sie feststellen, dass es noch unzählige Varianten, Kombinationen und Erweiterungen für jenen hier beschriebenen Ablauf gibt.

Leichte Morgen-Workouts

Noch aktiver starten Sie in den Tag mit diesen Morgen-WorkOuts. Sie sollten sich mindestens 15 Minuten Zeit nehmen. Beginnen Sie mit zehn Wiederholungen von jeder Übung, wenn Sie eher zu den unsportlichen Typen gehören und steigern Sie sich langsam mit jedem Tag. Beginnen Sie jeden oder jeden zweiten Tag mit einem kurzen WorkOut. Das folgende WorkOut-Programm ist so angelegt, dass es jeden Teil und jede Muskelpartie Ihres Körpers anspricht und trainiert. Achten Sie bei jeder Übung darauf, alle Muskelpartien anzuspannen. Eine ganzheitliche Körperspannung ist die halbe Arbeit. Atmen Sie außerdem regelmäßig, denn Ihre Muskeln brauchen Sauerstoff, um richtig zu funktionieren. Setzen Sie Ihrem WorkOut eine kurze Stretchingphase voran, so wie oben beschrieben.

Squats: Mit den Beinen stehen Sie schulterbreit. Halten Sie die Arme ausgestreckt vor sich. Das Gesäß strecken Sie weit nach hinten. Beugen Sie nun langsam die Knie. Gehen Sie immer weiter in die Beuge und lassen Sie den Oberkörper trotzdem möglichst aufrecht stehen. Die Bauchmuskeln sind besonders angespannt. Das heißt Ihre Knie und Ihre Füße sollten idealerweise übereinander liegen. Ihr Gewicht liegt auf Ihren Fersen. Gehen sie soweit in die Beuge, wie Sie können, ohne die Balance zu verlieren. Ganz so als ob sie sich auf einen Stuhl setzen wollten. Dann drücken sie sich mit Ihren Gesäßmuskeln nach oben. Wiederholen Sie das ganze.

Lungs: Sie machen einen großen Schritt nach vorne. Das Knie darf nicht überbeugt sein. Ober- und Unterschenkel bilden einen 90°Winkel. Das hintere Bein ist zunächst gestreckt und steht auf dem Fußballen. Ihr Oberkörper ist grade nach oben aufgerichtet. Die Hände können Sie in die Hüften stemmen. Ihre Bauchmuskeln sind besonders angespannt. Senken Sie Ihren Oberkörper nun dem Boden entgegen. Dafür müssen Sie das hintere Bein leicht beugen. Um wieder in die Ausgangsposition zurückzukommen, drücken Sie sich mit den Gesäß- und hinteren Oberschenkelmuskeln nach oben.

Plank: Stützen Sie sich auf die Unterarme. Ihr Bauchnabel zeigt nach unten und Ihre Beine sind geschlossen und ausgestreckt. Sie stützen sich mit den Fußballen und den Unterarmen. Ansonsten berührt kein Körperteil den Boden. Ihr Körper schwebt über dem Boden und bildet eine durchgehende grade Linie vom Scheitel bis zu den Füßen. Versuchen Sie diese Position für mindestens eine Minute zu halten.

Beatle: Diese Übung ist für Ihre Bauchmuskeln. Legen Sie sich auf den Rücken und verschränken Sie die Arme hinter dem Kopf. Winkeln Sie die Beine an, so dass Sie nur noch mit dem Gesäß und dem untersten Teil Ihres Rückens den Boden berühren. Nun strecken Sie das rechte Bein aus und ziehen das linke weiter zu sich ran. Ihr Oberkörper dreht sich dabei nach links. Mit dem rechten Ellenbogen sollten Sie nun das linke Knie berühren können. Jetzt drehen Sie den Oberkörper zur anderen Seite und strecken das linke Bein an, ziehen das rechte Knie heran, wobei Sie es mit dem linken Ellenbogen berühren. Ihr Oberkörper muss immer von der Matte abgehoben sein. Sie müssen also ständig ihre Bauchmuskeln anstrengen. Drehen Sie sich mal schneller, mal langsamer von links nach rechts.

Push-ups: Zum Schluss wollen wir noch Ihre Armmuskeln trainieren. Bei dieser leichteren Version der Liegestütze, stehen Sie auf Ihren Knien, welche Sie hüftbreit auseinander stellen. Die Füße können sie dabei überkreuzt in der Luft halten. Die Handflächen stützen Sie unter sich auf die Matte. Dabei können Sie variieren. Entweder legen Sie die Hände direkt neben der Brust auf oder zum Beispiel besonders weit auseinander. Je nach dem welche Muskelpartie Sie trainieren wollen. Jetzt beugen Sie die Arme und bringen den Oberkörper und Ihr Gesicht soweit wie möglich zum Boden. Anschließend drücken Sie sich mit der Kraft Ihrer Arme wieder nach oben.

Andere Aktivitäten

Vielleicht haben Sie auch Lust ihren Tag mit einem Cardio-Training zu beginnen. Zwanzig Minuten Joggen, wenn Sie noch nicht besonders fit sind, ist nicht nur ein hervorragendes Workout, sonder füllt Ihre Lungen auch mit viel frischer Luft. Haben Sie sich erst einmal überwunden loszulaufen, werden Sie sich hinterher mit Sicherheit wacher füllen und diese Energie mit in den Tag nehmen.

Als Alternative bietet sich zum Beispiel Springseilspringen an. Laufen oder steigen Sie die Treppen Ihres doch ein paar mal hoch und runter, fahren Sie mit dem Fahrrad in schnellem Tempo zur Arbeit oder drehen Sie eine extra Runde.

Egal für was Sie sich entscheiden, und sei es nur ein morgendlicher Spaziergang im Park, wichtig ist, die Zeit die Sie sich selbst zugestehen. Sie werden merken, welche Morgen-Aktivität Ihnen am Besten tut.

ESSEN & TRINKEN

Bewusst und gesund Essen und Trinken ist die Essenz einer jeden Morgenroutine. Egal wie Sie sich grade ernähren, ob Sie eine Diät machen, möglichst auf Kohlenhydrate, Fleisch oder Gluten verzichten wollen, die ausgewogenste, vollwertigste und reichhaltigste Mahlzeit des Tages, sollte immer Ihr Frühstück sein. Denn essen Sie zu wenig oder falsch, werden Sie sich den ganzen Tag über schlapp fühlen. Deswegen geben wir Ihnen hier ein paar super leckere und trotzdem einfach zuzubereitende Rezeptideen.

Wichtig ist, dass Sie sich für die Zubereitung Ihres Frühstücks Zeit nehmen und auch für das Essen selbst. Beides kann meditierend wirken. Überlegen Sie sich schon am Abend vorher, was Sie am Morgen zubereiten wollen und freuen Sie sich darauf. So springen Sie sicher auch schneller und energetischer aus dem Bett. Variieren Sie Ihre Frühstücksmahlzeiten und schenken Sie Auswahl und Zubereitung viel Aufmerksamkeit. Sie sollten nicht essen, bloß weil Sie hungrig sind, sondern sollten diese Minuten des Tages, wie auch das Essen selbst mit einem besonderen Bewusstsein genießen. Wenn Sie sich ausreichend Zeit für Ihr Frühstück nehmen, beginnen Sie den Tag mit Gelassenheit und Ruhe. Auch das Frühstück sollte deshalb zu Ihrem festen morgendlichen Ritual gehören. Sie sollten es übrigens erst nach dem Frühsport zu sich nehmen, falls dieser zu Ihrer Morgenroutine dazu gehört.

Müslis

Haferflocken mit Rhabarber, Erdbeeren und Chia-Samen:

- 1 Staude Rhabarber
- 100g Erdbeeren
- 20g Chia-Samen
- 50g Haferflocken
- 200g Naturjogurt
- Mandelmilch, Honig, Zimt, Kokosraspeln

Schälen Sie den Rhabarber und schneiden Sie ihn in Stücke. Die Erdbeeren halbieren Sie. Beides geben Sie in einen Topf mit Wasser, Honig und Zimt und bringen die Mischung zum Kochen, bis der Rhabarber zerfällt und die Erdbeeren weich werden. Während dem Kochen können Sie die Haferflocken mit der Mandelmilch und den Chia-Samen vermischen und anschließend Zimt und Kokosraspeln hinzufügen. Diese Mischung stellen Sie für zwei Stunden oder über Nacht abgedeckt in den Kühlschrank und lassen Sie quellen.

Ist die Haferflockenmischung aufgequollen, mischen Sie sie mit Naturjogurt. Zum Schluss noch ein paar Kokosraspeln drauf. Fertig!

Tropisches Oat Meal:

- 100g Haferflocken
- 150ml Kokosmilch
- 100ml Kokoswasser
- 1 Vanillestange
- Obst und Nüsse Ihrer Wahl

Haferflocken, Kokosraspeln, Kokosmilch und Kokoswasser geben Sie in einen Topf. Halbieren Sie eine Vanillestange und geben Sie sie dazu. Anschließend köcheln Sie alles für 15 Minuten bei niedriger Hitze. Sie können das Ganze mit Honig süßen und mit frischem Obst und Nüssen servieren. Die Nüsse können Sie für das gewisse Etwas vorher anrösten.

Acai-Müsli:

- 1 TL Acaipulver
- 100g Blaubeeren
- 1 Mango
- 1 Kiwi
- eine handvoll Erdbeeren
- 1 Banane
- Müsli

Das Acaipulver mischen Sie mit den Blaubeeren und pürieren die Masse. Schneiden Sie die Mango, Kiwi, Erdbeeren und Bananen in Stücke. Geben Sie ein bisschen Müsli in die Schüssel dazu und gießen Sie das Acai-Püree darüber.

Individuelle Müsli-Mischung:

- Nüsse, Samen und Kerne Ihrer Wahl
- Veganer Milch-Ersatz

Die Basismischung für Ihr Müsli können Sie auch selbst zusammenstellen. Statt immer nur Haferflocken mischen Sie zum Beispiel: alle möglichen Nüsse, Buchweizen, Dinkelflocken, Sonnenblumenkerne, Chia-Samen, Leinsamen etc. Statt Jogurt, Quark, Milch können Sie auch vegane Alternativen wie Soja-Jogurt, Soja-Milch, Mandelmilch oder Hafermilch benutzen.

Brote

Vollkornbrot:

- 100g Leinsamen
- 100g gemahlene Mandeln
- 50g Weizenkleie
- 2 EL Dinkelvollkornmehl
- 1 PK Backpulver
- 1 TL Salz
- 300g Quark
- 6 Eiweiß

Dieses Brot hat besonders wenig Kohlenhydrate und liefert trotzdem ordentlich Energie. Mischen Sie alle Zutaten und verrühren Sie sie zu einem glatten Teig. Den Teig füllen Sie dann in eine Kastenform. Das Brot backen Sie bei 150°C für 50 Minuten im Ofen.

Zuccinibrot mit Datteln:

- Olivenöl
- 3 Eier
- eine handvoll Datteln
- 1 Zucchini
- 50g Mehl
- eine Messerspitze Backpulver
- Salz, Zimt, gehackte Haselnüsse, Vanille

- Créme fraîche
- Zitronensaft

Schlagen Sie Öl und Eier schaumig. Hacken Sie dann ein paar Datteln und zerdrücken Sie diese zu einer Paste. Die Zucchini wird gerieben und dazu gegeben. Geben Sie auch ein wenig Vanillearoma dazu. In einer Schüssel mischen Sie Mehl, ein wenig Backpulver, Salz, Zimt und fein gehackte Haselnüsse. Das alles heben Sie unter die Zucchini-Dattel-Ei-Masse bis sich alles gut verbunden hat. Füllen Sie den Teig in eine Form und backen Sie ihn für mindestens eine Stunde im vorgeheizten Backofen bei 180°C. Wenn Sie die Créme fraîche mit ein paar Spritzern Zitronensaft mischen, können Sie diese als Brotaufstrich verwenden.

Aufstriche

Humus-Aufstrich

- ein Glas Kichererbsen
- Zitronensaft, Olivenöl, Pfeffer, Salz

Hier kommen weitere Aufstrichideen für Ihr Brot. Für einen Humus-Aufstrich oder Dip mischen Sie Kichererbsen mit etwas Zitronensaft, Olivenöl, Pfeffer und Salz und pürieren die Masse. Um den Geschmack zu variieren können Sie auch Sesampaste, Kreuzkümmel oder Koriander hinzugefügt.

Zuccini-Karotten-Aufstrich

- 1 Zucchini
- 2 mittelgroße Karotten
- 1 Knoblauchzehe
- Gemüsebrühe
- Magerquark
- Salz, Pfeffer, Zitronensaft

Auch Zucchini und Karotten machen sich super als Brotaufstrich. Einfach ein paar Zucchini, Karotten und eine Knoblauchzehe würfeln. Kurz anrösten. Ein wenig Gemüsebrühe, Zitronensaft und Magerquark dazu und dünsten lassen. Pürieren und mit Salz und Pfeffer abschmecken.

Avocado-Aufstrich:

- 1 Avocado
- 1 kleine Zwiebel
- 1 Knoblauchzehe
- Salz, Pfeffer, Zitronensaft

Aus weichen Avocados mixen Sie ebenfalls ganz fix einen Brotaufstrich. Würzen Sie die Avocado mit Salz, Pfeffer, gepresstem Knoblauch, fein gehackten Zwiebeln und etwas Zitronensaft.

Omlette

Sour-Creme-Omelett:

- 3 Eier
- 1 Tomate
- 1 Zwiebel
- 50g Gouda
- 50g Sour-Creme
- Salz, Pfeffer

Die Eier verrühren und in einer Pfanne mit Pflanzenöl stocken lassen. Klein gewürfelte Tomaten, Zwiebeln sowie geriebenen Gouda darüber geben. Dann würzen Sie alles mit Salz und Pfeffer. Rollen Sie das Ei in der Pfanne zusammen. Lassen Sie den Käse kurz schmelzen. Garnieren Sie das Omlett mit einem Klecks Sour-Creme.

Hirse-Omelett:

- 50g Hirse
- 2 Eier
- Salz
- Jogurt, Honig, Obst

Sie brauchen Hirse, die sie vorkochen und quellen lassen müssen. Mischen Sie die Eier mit der Hirse und einer Prise Salz. Den Hirseteig backen Sie in einer Pfanne von beiden Seiten. Am Besten schmeckt das Omelett mit Vanille-Jogurt, etwas Honig und frischen Pfirsichen.

Smoothies

Nuss-Smoothie:

- 100g Nüsse Ihrer Wahl
- 30g Marzipan
- 1 Banane
- 2 Äpfel
- Zitronensaft
- 100ml Wasser

Die besondere Zutat hier, sind nicht nur die Nüsse sondern etwa 30g Marzipan, die Sie brauchen. Geben Sie Nüsse und Marzipan mit einer Banane, zwei Äpfeln, einem Spritzer Zitronensaft, Wasser sowie ein paar Nüssen in den Mixer.

Erdbeer-Smoothie mit Minze:

- 200g Erdbeeren
- 2 Aprikosen
- 1 EL Honig
- 100ml Jogurt
- 20g Haferflocken
- frische Minze

Natürlich brauchen Sie eine Menge frischer Erdbeeren. Außerdem Aprikosen, Honig, Jogurt und Minze. Mixen Sie alles und dekorieren Sie Ihren Smoothie mit Minzblättern.

Süßer Spinat-Smothie

- 1 Banane
- 1 Apfel
- eine handvoll Babyspinat
- 1 EL Honig
- Zitronensaft
- 100ml Wasser

Mixen Sie die Banane, den Apfel, den Babyspinat sowie einen Esslöffel Honig. Außerdem einen Spritzer Zitronensaft und Wasser.

Am Rande

Noch ein Tipp am Rande. Jeder Ihrer Morgen wird Ihnen noch mehr Freude bereiten, wenn Sie ihn abwechslungsreich gestalten. Laden Sie doch zum Beispiel mal einen Freund zum Frühstück ein, gehen Sie im Café frühstücken oder vor der Arbeit einen Kaffee mit einem Kollegen trinken.

Auf jeden Fall sollten Sie sich vor der Arbeit nicht mit dieser beschäftigen. Checken Sie Ihre Mails erst, wenn Sie im Büro sind. Wie Sie Ihren Morgen im Büro am Besten gestalten, erfahren Sie im nächsten Kapitel.

IHR MORGEN IM BÜRO

Die Energie, Klarheit und Ruhe, die Sie mit Ihren Morgenritualen zu Hause erlangt haben, sollten Sie unbedingt mit ins Büro nehmen. Erst wenn Sie sich auf dem Weg zur Arbeit befinden oder dort angekommen sind, sollten Sie anfangen sich mit Ihrem Büroalltag auseinander zu setzen. Lernen Sie strikt zu trennen zwischen Arbeit und Ihrem eigenen privaten Bereich. Ihre Arbeit sollte nicht Ihr Leben bestimmen. Beantworten Sie Emails oder Anrufe, deshalb konsequent erst, wenn Sie sich an Ihrem Arbeitsplatz befinden. Ihre Arbeit kann auf positive Weise fordernd sein und Spaß machen,, nehmen Sie sie jedoch trotzdem nicht mit nach Hause. Sie haben das Recht auf ihre eigene Zeit, in der nur Sie bestimmen, was Sie tun und lassen wollen. Hierfür müssen Sie jedoch konsequent sein. Sobald Sie sich dabei ertappen, wie sich ein Gedanke Ihre Arbeit betreffend außerhalb Ihrer Arbeitszeit einschleicht, lassen Sie ihn sofort fallen und unterbinden Sie es diesen Gedanken weiter zu verfolgen. Wenn Sie das schaffen, werden Sie bei der Arbeit selbst viel konzentrierter und effektiver sein.

Arbeitsweg

Erst auf Ihrem Weg zur Arbeit können Sie es sich erlauben, sich langsam auf das Büro vorzubereiten. Sie können die Zeit jedoch immer noch für sich selbst nutzen. Lesen Sie im Zug oder Bus die Zeitung oder ein Buch. Hören Sie ein Hörbuch, falls Sie mit dem Auto zu Arbeit fahren müssen. Oder verlegen Sie Ihr WorkOut auf den Arbeitsweg und fahren Sie mit dem Fahrrad oder laufen Sie. So befreien Sie sich noch einmal kurz von jeglichen Gedanken und Stress, bevor diese Sie gleich einholen werden.

Auch auf Ihrem Weg zur Arbeit können Sie Ihre Achtsamkeit oder Ihr positives Denken trainieren. Überlegen Sie sich, auf was Sie sich heute freuen. Welche Herausforderungen heute auf Sie warten. Was Sie heute Neues lernen werden. Welches Projekt Sie heute in Angriff nehmen oder erfolgreich fertig stellen werden. Denken Sie auch schon an den Nachmittag und auf welche Weise Sie sich zu ihrem Feierabend für Ihren arbeitsreichen Tag belohnen wollen. Sie wissen ja, dass Sie negative Gedanken aus Ihrem Kopf verbannen sollen. Sie denken also nicht an die Anstrengungen des Tages, die Ihnen keine Freude bereiten. Sie stellen sich stattdessen vor, wie Sie sich fühlen werden, wenn Sie diese ungeliebten Tätigkeiten erfolgreich hinter sich gebracht haben. Das Glas ist immer halb voll, nie halb leer!

Angekommen

Sind Sie erst einmal auf der Arbeit, lassen Sie sich Zeit zum Ankommen. Strahlen Sie Gelassenheit und Ruhe aus und Sie werden auch Ihre Kollegen damit anstecken. Gelassen und ruhig zu sein, bedeutet nicht, dass sie faul sind oder sich nicht für Ihre Arbeit interessieren. Ganz im Gegenteil! Sie zeigen so, dass Sie Ihre Arbeit und Aufgaben souverän und selbstbewusst meistern.

Suchen Sie nach zwischenmenschlichen Beziehungen, nachdem Sie angekommen sind. Wünschen Sie allen einen „Guten Morgen“ und fragen Sie, ob alle ein schönes Wochenende hatten. Machen Sie Ihren Gang zur Kaffeemaschine und einen kurzen Plausch mit den Kollegen zum ersten Ritual Ihres Arbeitstages.

Pausen

Erst dann setzen Sie sich an Ihren Bürotisch. Ihren Arbeitstag lassen Sie genauso beginnen, wie Ihren Morgen zu Hause. Planen und organisieren Sie zuerst, was es heute zu tun gibt. Machen Sie eine To-Do-Liste, auf der Sie festhalten, welche besonders wichtigen Aufgaben Sie heute erledigen müssen und was notfalls bis morgen warten kann.

Machen Sie spätestens nach zwei Stunden eine Pause von Ihrer Arbeit. Pausen regenerieren Körper und Geist. Nach zehn Minuten Pause, werden Sie sich mit neuer Kraft und Motivation in Ihre Arbeit stürzen können. Setzen Sie sich konsequent eine Zeit, wann Sie Ihre Arbeit ruhen lassen wollen oder nehmen Sie sich vor, nach Beenden dieser oder jener Aufgabe, eine Pause machen zu wollen. Nutzen Sie die Pause für einen kurzen Spaziergang an der frischen Luft. Bewegen Sie sich und erwecken Sie Ihre vom Sitzen eingeschlafenen Gliedmaßen zu neuem Leben. Versuchen Sie dabei, entweder nichts zu denken oder richten Sie Ihre Achtsamkeit und Ihren Fokus auf Dinge die Sie nur beobachten, so wie Sie es bereits gelernt haben. Setzen Sie sich beispielsweise auf eine Parkbank. Beobachten Sie eine Szene oder ein Bild und versinken Sie in diesem, indem Sie versuchen jedes Detail wahrzunehmen. Schließen Sie die Augen und versuchen Sie jedes noch so leise und weit entfernte Geräusch an Ihr Ohr dringen zu lassen.

Oder denken Sie noch einmal an positive Dinge, die Sie heute erwarten werden, um neue Motivation zu schöpfen. Loben Sie sich auch für all die Dinge, die Sie heute bereits geschafft haben. Dank Ihrer Morgenrituale hatten Sie bereits einen aktiven und ereignisreichen Morgen. Ihr Tag war bereits so sinnvoll, dass Sie es kaum abwarten können, ihn mit noch mehr Sinn zu füllen. Spätestens jetzt werden Sie erkennen, wie wichtig es war, dass Sie sich am frühen Morgen Zeit für sich selbst genommen haben und diese Zeit so gestaltet haben, wie Sie es wollten.

Diese Pause am Vormittag sollten sie ebenfalls zu einem festen Bestandteil Ihres Morgens machen. Sie haben schon zwei Stunden Arbeit hinter sich und sich auf diese Pause, die nur Ihnen gehört, zu freuen, war ein Grund, weshalb Sie zwei Stunden Arbeit bereits effektiv und hoch motiviert nutzen konnten.

KEINE MORGEN- OHNE ABENDROUTINE

Kein Morgen beginnt gut, ohne das Sie eine gute Nacht gehabt haben und eine gute Nacht werden Sie nur haben, wenn Sie einer Abendroutine folgen, die Sie den Stress und Unannehmlichkeiten des Tages vergessen lässt. Hier erfahren Sie, wie Sie sich selbst eine ruhig und stressfreie Nacht verschaffen.

Umschalten

Wie Sie bereits wissen, sollten Sie sich ständig selbst daran erinnern Arbeit und private Zeit strikt voneinander zu trennen. Nicht nur was Ihre Tätigkeiten betrifft, sondern auch was Ihr Denken angeht. Ein Problem unserer heutigen Leistungsgesellschaft liegt darin, dass wir es nicht schaffen von der Arbeit im Büro oder sonst wo, abzuschalten. Hinzu kommen persönliche Probleme, wie finanzieller oder beziehungstechnischer Art. Wir haben also viele Dinge, über die wir uns ständig Gedanken machen und ein Gedanke führt zum nächsten. Wir schaffen es oft nicht aus dieser Spirale des Denkens auszubrechen. Belastend kommt hinzu, dass es sich um negative Dinge handelt, mit denen wir uns zumeist in unserem Kopf beschäftigen. Das stresst nicht nur, sondern kann auch zu Depressionen führen.

Sie müssen also lernen abzuschalten. Leichter gesagt als getan! Sie wissen allerdings schon wie die Theorie funktioniert. Stellen Sie sich vor, Sie hätten einen Hebel am Hinterkopf. Sobald Sie Ihr Büro verlassen, legen Sie diesen um. Sie sind nun im privaten Modus. Sie nehmen sich Zeit für sich selbst und gehen den Dingen nach, die Ihnen Freude bereiten. Besonders am Abend haben viele Menschen jedoch Einschlafprobleme. Denn genau dann liegen Sie in Ihrem Bett und plötzlich fallen Ihnen all die Dinge und Probleme ein, von denen Sie sich den ganzen Tag über noch recht erfolgreich ablenken konnten. Wie lassen Sie also los?

Loslassen

Um von Ihren ewigen endlosen Gedankenspiralen wegzukommen, können Sie wie schon am Morgen Aktivitäten und Meditationen anwenden, bei denen Sie sich nur mit sich selbst beschäftigen. Es ist wichtig, dass Sie die letzten Minuten des Tages alleine sind, um Körper und Geist zu beruhigen. Andere Menschen, Gespräche, laute Musik, Ausgelassenheit lassen Sie nur aufgedreht sein, den Adrenalinspiegel steigen und erst recht nicht einschlafen. Sie wollen runterkommen und das schaffen Sie nur, wenn Sie sich ausschließlich Ihrem Körper und Geist widmen und dabei die äußere Welt vergessen.

Eine Variante ist, sich am Abend noch einmal richtig auszupowern. Machen Sie Sport. Jedoch solchen bei dem Ihr Fokus und Konzentration eben auf Ihnen selbst liegt und Sie keine andere Ablenkung erfahren. Gehen Sie joggen, spazieren oder widmen Sie sich einem anderen WorkOut. Dabei versuchen Sie sich selbst von Ihrer Umgebung zu isolieren. Wie zuvor bei den ersten Schritten zur Meditation beschrieben, nehmen Sie jeden einzelnen Muskel, jede Sehne und jede Faser Ihres Körpers mit allen Sinnen war, während Sie zum Beispiel durch den Park laufen. Sie hören Ihre Atmung und Ihre Schritte, sonst nichts. Sie spüren Ihr Herz pumpen und das Blut durch Ihre Adern rauschen. Sie fühlen, wie sich mit jedem Atemzug Ihre Lunge von neuem füllt und wie mit jeder neuen Anspannung Ihre Muskeln kräftiger werden.

Ruhe

Sind sie erschöpft und müde, wird Ihnen das Einschlafen natürlich wesentlich leichter fallen. Doch auch wenn Sie ein Sportmuffel sind oder nicht jeden Tag Zeit oder Kraft finden aktiv zu sein, gibt es Hilfsmittel.

Im Grunde genommen, wird Ihnen jedes Ritual und jede Routine helfen besser einschlafen zu können, wenn Sie es denn nur einüben. Denn jedes dieser Dinge, die Sie einfach immer vor dem Einschlafen tun, bereiten Ihren Körper und Ihren Kopf darauf vor, das er gleich schlafen wird. Ihre Routine vor dem zu Bett gehen, gibt Ihrem Körper also gewissermaßen das Signal zum „runterfahren“.

Gehen Sie nicht zu spät ins Bett. Tun Sie das, verfallen Sie vielleicht in Panik, dass Sie bis morgen nicht mehr genügend Schlaf bekommen können und dann können Sie sicherlich nicht mehr einschlafen. Lassen Sie Ihren Tag noch einmal Revue passieren. Was haben sie heute geschafft, was haben Sie gut hinbekommen, worüber haben Sie sich heute gefreut. Suchen Sie alle positiven Aspekte des Tages zusammen und rufen Sie sich diese in Erinnerung. Regen Sie sich nicht über Dinge auf und lassen Sie keinen negativen Gedanken zu, sonst wird sich Ihre Gedankenspirale wieder beginnen zu drehen. Planen Sie auch Ihren morgigen Tag. Schreiben Sie heute bereits auf, was Sie morgen zu tun haben. So stellen Sie sicher, dass Sie im Unterbewusstsein, keine Angst haben etwas zu vergessen, was Sie daran hindern würde einzuschlafen.

Sie können ebenfalls schon die Sachen zurecht legen, die Sie morgen anziehen wollen. Wenn es Ihnen wichtig ist wie Sie aussehen und was Sie anhaben, nehmen Sie sich auf diese Weise viel Denkerei und Stress ab, der morgen früh auf Sie gewartet hätte. Schalten Sie schon eine Stunde vor dem Schlafen gehen Ihr Smartphone oder Notebook aus. Antworten Sie nicht mehr auf Nachrichten, denn diese werden nur wieder Ihre Gedanken in Gang bringen.

Auch vor dem zu Bett gehen, empfiehlt sich eine Meditation, wie zuvor bereits geschrieben. Meditieren können Sie auch, wenn Sie bereits im Bett liegen. Konzentrieren Sie sich dafür auf eine bestimmte Stelle Ihres Körpers. Zum Beispiel Ihren großen Zeh oder Ihr Knie. Wenden Sie Ihren Fokus und all Ihre Aufmerksamkeit diesem einen Teil Ihre

Körpers zu. Wenn Sie das schaffen und sich nicht unterbrechen lassen, werden Sie schnell frei von allen Gedanken sein und in Sekunden eingeschlafen sein.

IHR NÄCHSTER MORGEN

Kurz und knackig präsentieren wir Ihnen im letzten Kapitel die wichtigsten Schritte, um Ihre persönliche Morgenroutine zu finden. Woran müssen Sie denken?

- *Sie* bestimmen, wie Ihr Morgen abläuft!
- Sie sind wichtig! Deshalb schenken Sie sich selbst Aufmerksamkeit und Zeit.
- Beginnen Sie jeden Tag mit positiven Gedanken.
- Ordnen Sie Ihre Gedanken und planen Sie Ihren Tag.
- Wecken Sie Körper und Geist langsam auf. Seien Sie körperlich aktiv und im Geiste gelassen.

Berücksichtigen Sie diese Punkte und verankern Sie sie fest in Ihrem Alltag, werden Sie jeden Tag mit einem Motivations- und Energieschub beginnen können. Mit jedem Tag, werden Sie produktiver und glücklicher. Jeden Morgen wird es Ihnen mehr und mehr Freude bereiten aufzustehen und den Tag zu beginnen. Jeden Morgen erwachen Sie mit einem lächeln auf den Lippen und wünschen sich und der Welt einen: “Guten Morgen!”

Wenn Ihnen *„Morgenroutine"* gefallen hat, hinterlassen Sie gerne eine Kundenrezension auf Amazon und empfehlen Sie es weiter an Ihre Freunde.

Impressum

Thomas Langner, Groner Str. 41, 37073 Göttingen

Version 11.09.2017

21943510R00069

Printed in Poland
by Amazon Fulfillment
Poland Sp. z o.o., Wrocław